書き込み式
日本語表現法

名古屋大学日本語表現研究会

三弥井書店

目次

技能編

第1回	話し言葉と書き言葉	その1	6
第2回	話し言葉と書き言葉	その2	10
第3回	書き言葉の技能　基礎	文の組立　その1	12
第4回	書き言葉の技能　基礎	文の組立　その2	16
第5回	書き言葉の技能　基礎	呼応する言葉	18
第6回	書き言葉の技能　基礎	わかりやすさ　文のつなぎ方	20
第7回	書き言葉の技能　基礎	わかりやすさ　意味の限定	22
第8回	書き言葉の技能　基礎	わかりやすさ　言葉の順序	26
第9回	書き言葉の技能　応用	要旨をとらえる	30
第10回	書き言葉の技能　応用	要約	34
第11回	書き言葉の技能　発展	レポートの書き方	40
第12回	書き言葉の技能　発展	論証とは	46
第13回	話し言葉の技能　基礎	敬語とは	50
第14回	話し言葉の技能　基礎	敬語の種類と使い分け	52
第15回	話し言葉の技能　基礎	注意すべき敬語表現	56
第16回	話し言葉の技能　応用	相手を考えて話す	63
第17回	総合応用	実習を申し込む	70
第18回	総合応用	インタビュー取材をする	78
第19回	総合応用	就職活動をする	86
第20回	総合応用	ビジネス文書　その1	94
第21回	総合応用	ビジネス文書　その2	96

知識編

第1回	漢字の読み方と言葉の意味	難読語　その1	100
第2回	漢字の読み方と言葉の意味	難読語　その2	101
第3回	漢字の読み方と言葉の意味	文脈によって意味と読みのかわるもの	102
第4回	同音・同訓異義語の使い分け	その1	104
第5回	同音・同訓異義語の使い分け	その2	106
第6回	同音・同訓異義語の使い分け	その3	108
第7回	類義語の使い方		110
第8回	対義語の使い方		112
第9回	定型表現・慣用句		114
第10回	慣用句・ことわざ	その1	116
第11回	慣用句・ことわざ	その2	118
第12回	四字熟語		120
第13回	仮名づかい・送り仮名の使い方		122
第14回	領域別　言葉の知識	政治・経済・国際	124
第15回	領域別　言葉の知識	環境・情報	126
第16回	領域別　言葉の知識	福祉・生活・医療	128
附　録	技能編　原稿用紙の書き方　履歴書用紙　原稿用紙		

『書き込み式　日本語表現法』をご利用になる皆様へ

　本書は、日本語の運用能力を伸ばしたい人々のために編集したテキストです。本書で言う日本語の運用能力とは、特に文学的あるいは芸術的才能を前提としたものではありません。日常生活の中で、自分の意思を明確に伝えたり、相手の意思を的確に理解したりする際に、誰もが必要とする能力を伸ばすことを目的としています。

　本書は、言葉の知識を身につけるための「**知識編**」と、表現力を身につけるための「**技能編**」との２部構成になっています。

　「**技能編**」は、「話し言葉」と「書き言葉」それぞれに、「基礎」から「応用」「発展」へと展開し、最後に「話す」「書く」技能を場面に応じて生かす「総合応用」に到達する構成です。言葉一つ一つの選び方、並べ方から、実際の社会生活や学習活動に必要な表現能力までが、解説を読み、練習問題に取り組む作業を繰り返すことで身につくプログラムです。学習者がテキストをそれぞれ自分のノートとして充分活用できるよう、「技能編」は「書き込み式」になっています。

　「**知識編**」では、社会人として知っておきたい漢字の読みや意味、同音異義語の使い分け、類義語・対義語、慣用句・ことわざ、四字熟語などの言葉の知識を、意味の説明や例文などとともに掲げてあります。さらに、仮名づかい・送り仮名の表記の基準と解説、および、現代の社会に対応するための用語・略語の説明も加えました。各回ごとに定着が図れるよう、別冊として「小テスト」を用意していますので、そちらも合わせてご活用ください。

技能編

技能編　第1回　話し言葉と書き言葉

その1

次の文はある大学生の自己紹介ですが、どうも全体の統一感がありません。どこを直したらいいのでしょうか。

> 私は□□といいます。今○○大学○○学部の1年生です。高校の頃はどっちかっていうとおとなしいほうだったけど、大学では友達をたくさん作って、サークル活動なんかもしたい。あと、アルバイトもバリバリやっていろいろな経験ができたらいいなぁと思います。勉強はもちろん大切なので、授業にはきちんと出席しています。ただ、今受けている授業の中には難しくて困っているものもあるんです。誰かわからないとこ教えてくれる人がいればうれしい。

次の3つは上の文を書き直したものです。それぞれ、どんな印象を受けるでしょうか。

A

> 私の名前は□□、今○○大学○○学部の1年生。高校の頃はどっちかっていうとおとなしいほうだったけど、大学では友達をたくさん作って、サークル活動なんかもしたい。あと、アルバイトもバリバリやっていろいろな経験ができたらいいなぁ。勉強はもちろん大事だから、授業にはちゃんと出てるよ。でも今難しくて困ってるのもあって……。誰かわからないとこ教えてくれる人がいればうれしいな。

とても気軽に話している感じの言葉ですね。こういうカジュアルな言葉づかいは、友達同士で話している時はとても楽しい気分になるものですが、もし、先輩や、先生も同席していたら、なんだか「無礼」な人に思われてしまいそうです。では、次はどうでしょう。

B

> 私は□□といいます。今○○大学○○学部の1年生です。高校の頃はどちらかというとおとなしいほうでしたが、大学では友達をたくさん作って、サークル活動などもしたいと思います。それから、アルバイトもできるだけして、いろいろな経験がしてみたいです。勉強はもちろん大切なので、授業にはきちんと出席しています。ただ、今受けている授業の中には難しくて困っているものもあります。誰かわからないところを教えてくれる人がいたらうれしいです。

少し改まって、丁寧に話している感じになりました。このテキストでは、このようなフォーマルな感じの言葉づかいを「**話し言葉**」と呼ぶことにします。「**話し言葉**」は、知り合って間もない人、目上の人などと話すとき、面接のとき、仕事上で人と接するときなどに使います(実際の場面ではさらに尊敬語・謙譲語なども用いられます。**→第13〜16回参照**)。また、文章の場合でも、読む人に対して話しかけるような調子を強調したい時には使うことがあります。

では、次はどうでしょうか。

C

> 私は□□、今○○大学○○学部の1年生だ。高校の頃はどちらかというとおとなしいほうだったが、大学では友達をたくさん作って、サークル活動などもしたいと思う。それから、アルバイトもできるだけして、いろいろな経験がしてみたい。勉強はもちろん大切なので、授業にはきちんと出席している。ただ、今受けている授業の中には難しくて困っているものもある。誰かわからないところを教えてくれる人がいればうれしい。

これは、話している言葉づかいではありません。小説の中で、主人公が不特定多数の読者に向かって自分のことを説明しているような感じです。このテキストでは、このような不特定多数の相手に何かを説明したり、報告したりするときに使う言葉づかいを「**書き言葉**」と呼ぶことにします。「**書き言葉**」は、小論文やレポート、卒業論文などを書くときのもっとも基本的なスタイルです。

練習問題

1　上の例文ABCについて、それぞれの文体の特徴をもっともよく表していると思われる部分に、下線を引きましょう。

2　例に倣(なら)って、次の文を、「**話し言葉**」としてふさわしい表現に改めましょう。

例　敬語を使う人と使わない人とでは、振る舞いの点でも超違う~~こと~~~~がある~~。
　　　　　　　　　　　　　　　　　　　　　　　たいへん　ところ　あります

1. 景気が低迷しているので、円安は当分続くとみた。

2. 日高さんと宮崎さんとは、顔だけじゃなく体つきも声もそっくりだから、驚いちゃう。

3. 海辺では、夜と昼との空気の流れの変化がハンパでない。

4. 東南アジア各国の自動車生産計画は、日本の自動車産業にも影響を与えるもんだ。

5. 私の家の近くに、派手さのこれっぽっちもない天使像がある。

6. それ、ぼくにやらせてくれない？

7. ときどき、自分はなんと小さな存在なのかという空っぽな気分にかられるんです。

3 次の文を、2の例に倣って、「書き言葉」としてふさわしい表現に改めましょう。

1. 携帯電話は、世界中でむちゃくちゃ流行しているね。

2. なんで彼女はあんなに悲観的なことばっか言うの？

3. そんなにいっぺんにしゃべったら、やばくないかなぁ。

4. どっちかって言うと、才能より努力って感じかな。

5. 目撃者がいっつも見たまんまのことを話すとは限んない。

6. この体力測定は、体力年齢と実年齢と並べて診断してくれちゃうのがゲームっぽい。

7. その作家はパソコン２台を駆使してバリバリと原稿を書くんだって。

~~~~~ チャレンジ・いろんな自己紹介 ~~~~~

いろいろな場面を考えて、それぞれの場面にあった自己紹介文（または、自己紹介のためのセリフ）を作ってみましょう。

〈アルバイト希望先に提出する履歴書の中の「自己紹介」欄には……〉

〈新しく入ったサークルの中で配られる、新入会員自己紹介コーナーには……〉

〈新しい学校で知り合ったばかりの同級生達。最初の懇親会の席では……〉

〈実習先での初日。職員のみなさんの前では……〉

技能編 第2回 **話し言葉と書き言葉**

その2

前回のB、Cを比べたときの、もっとも大きな違いの1つに、文末の表現がありました。

B

> 私は□□と申します。今○○大学○○学部の1年生です。高校の頃はどちらかというとおとなしいほうでしたが、大学では友達をたくさん作って、サークル活動などもしたいと思います。

C

> 私は□□、今○○大学○○学部の1年生だ。高校の頃はどちらかというとおとなしいほうだったが、大学では友達をたくさん作って、サークル活動などもしたいと思う。

文の終わり方を「です」「ます」（敬体）などとするか、「だ」「思う」（常体）などとするかで、文章全体の印象が「**話し言葉**」になるか「**書き言葉**」になるかが決まってきます。文章を書く目的に応じて、どちらかに決める必要があります。何らかの効果をねらってわざとするのでないかぎり、1つの文章の中では統一しておきましょう。また、「だ」調を意識しすぎて、文末すべてに「のだ」「のである」をつけてしまう人がいます。「のだ」「のである」は、文の内容を強調したり、相手に念を押したりする表現なので、多用すると押しつけがましい印象になります。「のだ」以外でも、同じ文末表現を何度も続けて使うことは、文章全体を稚拙なものにしてしまうので、避けるようにします。

練習問題

[1] 例に倣（なら）って、次の文章を指定された言葉づかいに統一しましょう。

例　（話し言葉に）
　ハマチと言えば、マダイと並んで養殖魚の代名詞のように思っている人も多いかも知れません。出世魚と呼ばれるもののひとつで、関西ならアブ、ツバス、ハマチ、メジロ、ブリの順に、関東ではワカシ、イナダ、ワラサ、ブリの順に大きく~~なる~~。養殖魚については、養殖がさかんな関西地方のハマチという呼び名が一般化して~~いる~~。
　　　　　　　　　　　　　　　なります　　います

1．（書き言葉に）
　にぎやかだった盆休みも終わり、仏壇の周りを片づけていたとき、引き出しに4、5年ほど前に入れた、私の遺言ならぬ「葬式の手順」を書いたものを見つけたので、この機会に書き直すことにした。3人の娘たちは嫁いで今は私たち夫婦2人暮らし。いつ何が起こるか分かりません。本当は、葬式はやらずに身内だけで済ませてほしいのですが、

町のしきたりということもあるので、そうもいきません。

2.（話し言葉に）
花が終わって葉っぱだけになったシクラメンは、我が家では、日の当たらない北側の廊下に置く。以後、水は1滴も与えない。もちろん肥料もです。そのうち干からびて株だけになるのだが、夏が過ぎて朝夕涼しくなるころには、また芽を出すのです。芽が出た鉢は、さっそく南側の居間の窓辺に移す。

② 次の文章の文末表現を書き直しましょう。

1.
たばこ問題情報センターの渡辺代表がこのほど、『「たばこ病」読本―禁煙・分煙のすすめ』を出版したのである。「軽いたばこなら害が少ないか」、「たばこは周りの人にも危険か」、「どうすれば禁煙できるか」など54項目について、最新のデータをQ＆A形式でわかりやすくまとめているのである。厚生省が今年3月にまとめた報告書では、たばこは年間95,000人の死因になっていると推計されているのだ。

2.
最近の子どもたちはキレやすいとよく言われていると思う。でも私はそのような決めつけはよくないと思う。子どもは、1人1人、それぞれに異なった環境や性格があると思う。むしろ、そうして決めつけている大人が、子ども1人1人の言葉にゆっくりと耳を傾けないことが、キレる子どもを作る原因になっているのではないかと思う。

---

tea break　役不足って、何が不足？

時々、とても重要な立場につくことになった人が、インタビューされて「私では役不足かとも思ったのですが、思い切ってお引き受けしました。」などと答えているのを耳にします。しかし、この「役不足」の「役」って何でしょう？
これはもともとお芝居の用語で、立派な役者さんのわりに良い役が付かないこと、つまり、せっかく能力があるのに仕事が小さい、という意味なんですね。謙遜（けんそん）したつもりで使っているのに、実はとっても傲慢（ごうまん）なことを言っていることになります。こんな時は、「私では力不足…」、「私には荷が重い…」くらいに、言っておくのがふさわしいでしょう。

技能編　第3回　**書き言葉の技能　基礎**

文の組立　その1

次の2つの文は間違っています。どこがおかしいのでしょうか。また、直すとしたら、どう直したらよいのでしょうか。

> A　水害に遭った被災地の人々を助けたのは、警察ではなく、主にボランティア団体の人々が、支援してくれた。
> B　父の職業はタクシーの運転手を私が小学生の頃に始めた。

英語の学習で「S」(主語)「V」(述語)などの要素を探して、文型を考える作業をしたことがある人は多いでしょう。「S」と「V」とは、いわば文の骨組みです。日本語で文章を書くときにも、そのような文を支える骨組みを意識することはとても重要です。上の2つの文は、「S」「V」の対応がうまくいっていないので、おかしな文になっています。それぞれ「S」「V」にあたる部分を書き出してみると、

> A　助けたのは　―　支援してくれた
> B　父の職業は　―　始めた。

となってしまいます。この対応を、正しく直してみましょう。たとえば、Aの場合は、

> A　助けたのは　―　ボランティア団体の人々だ

とすれば対応が正しくなりますから、全体は、

> A'　水害にあった被災地の人々を助けたのは、警察ではなく、主にボランティア団体の人々だ。

となります。Bの場合は、

> B　父の職業は　―　タクシーの運転手だ。

とすれば、正しい文章になります。そこで、残りの「私が小学生の頃に始めた」を、この骨組みに合うように入れ替えて、

> B'　父の職業は、私が小学生の頃に始めたタクシーの運転手だ。

と直します。このように、「S」「V」の対応に注意するだけで、おかしな文を書いてしまう危険性はずいぶんと少なくなります。

もう1つ例を挙げてみましょう。

> C　私がバレエを始めたのは、母親がバレエ教室を開いていました。

この文の骨組みに当たる部分を抜き出してみると、

> 始めたのは　―　開いていました

となってしまいます。「始めたのは」の「の」には「始めたきっかけは、始めた理由は」といった意味が含まれることが読みとれますから、それに合うように、文の後半を変えるには、

> 始めたのは　―　開いていた**から**です

のように、きっかけや理由を表す「から」などの言葉を使えばいいことになります。

こうした文の前半と後半とをつなぐ要素が理解できると、もう少しバリエーションに富んだ直し方も可能です。たとえば、このCの例文では、

> 母がバレエ教室を開いていた**ので**、私もバレエを始めました。

のように前後を入れ替えて、「**ので**」というきっかけや理由を表す言葉を使ってつないでも、おおよそ同じ内容を表現することができます。このように、同じ内容を何通りにも言い換えることができると、文章全体の流れに合わせて、いろいろな表現が工夫できます。

練習問題

① 次の文はいずれも文の骨組みが整っていません。例を参考にして、直してみましょう。

　例　交通事故の原因は、昨夜の雪で路面が凍結していたにも関わらず、スピードを緩めずに走行した。

訂正例　1　交通事故の原因は、昨夜の雪で路面が凍結していたにも関わらず、スピードを緩めずに走行したことにある。

訂正例　2　昨夜の雪で路面が凍結していたにも関わらず、スピードを緩めずに走行したことが、交通事故の原因だ。

1. 弁護士を目指そうと考えたきっかけは、中学校の社会科の時間に、世の中にあふれる様々な社会問題を学んだ。

2. 今年の夏休みの計画は、バリ島で泳いだりビーチに寝ころんだりして、のんびり過ごしたいと思う。

3. 海外で最も有名な日本の古典文学は、平安時代中期の作品である『源氏物語』は、紫式部によって書かれた。

4. 他人を不快にさせないためには、相手の話をよく聞くことと、自分のことばかりをしゃべらない。

5. 健康な身体を維持するには、バランスの取れた食事と十分な睡眠を取り、快適な日々を送ることができる。

6. 現代の社会生活で心がけなければならないのは、互いの個性や意見を尊重した上で、基本的な社会ルールを作っていきます。

7. 現代の作家に要求されているのは、文章の技巧や想像力の豊かさではなく、社会に対する好奇心を持つことが必要である。

8. ジャイアンツが独走するだろうという予想は、4番打者の不振とドラゴンズの追い上げによって、優勝争いがにわかに盛り上がってきた。

9. 新しいごみ分別の難点は、ごみ問題が深刻であるにも関わらず、やり方が複雑だと言って、協力しようとしない人が多い。

10. その製菓会社の業績向上の要因は、精巧な妖怪フィギュア付きキャンディーの大ヒットが要因である。

11. このレポートでは、日韓の学生を対象にした文化に関する意識調査の結果をまとめた報告書である。

12. 礼服の着用を求められる例としては、葬式や親族の結婚式などがその１例である。

13. 墜落した飛行機は、無惨な機体をさらして洋上に浮かんでいる姿が、テレビのニュースで放映された。

技能編　第4回　**書き言葉の技能　基礎**

文の組立　その2

それでは、さらにいろいろな例で練習してみましょう。

> A　『万葉集』は奈良時代で、『古今集』は平安時代、天皇が命じて作らせた歌集である。

この文の骨組みを考えてみたいのですが……。
「歌集である」が後半の骨組みであることはわかります。しかしそれに対応する前半の骨組みはいったいどの部分でしょう。「『万葉集』は」でしょうか、「『古今集』は」でしょうか、それとも両方なのでしょうか。
後半の骨組み「歌集である」には「天皇が命じて作らせた」と説明（修飾）が付いていますから、これに対応するのは「古今集は」であることがわかります（万葉集は天皇の命令で作られたものとは考えられていません）。つまりこの文には本来2セットの骨組み（「万葉集は―（　　　　）」、「古今集は―歌集である」）が必要なのに、「万葉集は」に対応する骨組みが欠けてしまっています。1文の中で書きたい内容がいくつもあるときに起こりやすいミスです。
それでは、欠けている骨組みを補ってみましょう。

> A'　『万葉集』は奈良時代に**作られた歌集**で、『古今集』は平安時代に天皇が命じて作らせた歌集である。

このように、1文の中に2つ以上の骨組みを入れて考えなければならないこともあります。1文の中に「～は」「～が」「～も」などがいくつもある時は、それぞれに対応する部分がきちんとあるかどうか、気を付けてみましょう。

練習問題

1　次の文はいずれも文の骨組みが整っていません。直してみましょう。

1. 今日の時間割は、古典と体育と数学と家庭科はとても大好きな科目だ。

2. 彼は芸大出身で、バイオリンもフルートもふける。

3. 残念ながら私はチケットが取れなかったので、その新演出によるシェイクスピアの舞台は、主演男優の好演もあり大成功のうちに千秋楽を迎えたらしい。

4. 私が英会話を始めようと思ったのは、私が幼い頃に通っていた幼稚園で、イギリス人の友達がいたのですが、幼すぎて覚えてません。

5. 私は、オリンピック中継から、スポーツの大切さや楽しさを学び、私の心を強く打ちました。

6. 熱帯雨林のジャングルに足を踏み入れ、ツタのからみつく樹木や、原色の花などの植物は幻想的な雰囲気がある。

7. 通学途中にある家の飼い犬が、私と友人がその前を通りかかるたびに吠えかかり、恐かったので通学路を変更した。

8. この物語の内容というのは、要は、サッカー部員を集め、その過程で起こる事件を、主人公やその仲間たちで解決していくといった内容です。

9. この映画をリアルにしているのは、脳死での臓器移植やミトコンドリアの役割などを描くことによって現実性のある作品に仕上がっている。

10. 『人間失格』を読む前に太宰治さんは『走れメロス』などを国語の授業で読んだことがありました。

技能編 第5回 **書き言葉の技能　基礎**

呼応する言葉

次の2つの文はまちがっています。どこがおかしいのでしょうか。また、直すとしたら、どう直したらよいのでしょうか。

> A　その事件のことは、まったく思い出すでしょう。
> B　候補者の名を連呼する拡声器の声が、朝ご飯の時に家の中まで聞いている。

前に置かれたある特定の言葉に対して、一定の表現が文末に来なければならないという表現の決まりごとが、日本語にはあります。これを「呼応」と言います。たとえば、Aの場合で言えば、「まったく」という語は、「ない」などの打ち消しの表現と呼応します。また、Bの場合では、「声が」に呼応させるのならば、後に続く表現は「聞いている」ではなく、「聞こえてくる」でなくてはいけません。このように、「～が」なのか、それとも、「～を」なのかによって、後の表現に違いが生まれるということにも気をつけましょう。A、Bはそれぞれ次のように直します。

> A　その事件のことは、まったく思い出せません。
> B　候補者の名を連呼する拡声器の声が、朝ご飯の時に家の中まで聞こえてくる。

練習問題

1　次の文は呼応関係に誤りがあります。正しく直しましょう。（傍線部分は変えない）

1. 彼からのプレゼントが全然気に入ったので、友人に自慢してまわった。

2. 携帯電話はビジネスマンにとって必ずしも必要だ。

3. 彼女は、本当は何ともないのに、さも痛いと大げさに泣いてみせた。

4. 竜巻に襲われて、さぞかし恐かった。

5. もしあのとき無理をしないと、大怪我にはならなかったかもしれない。

6. 彼は警官に「どうか今回だけは見逃そう」と泣きながら頼んだ。

7. あんな言い訳をするからには、彼は今度の試験にさだめし自信がない。

8. 何不自由のない家庭に育った彼が、なにゆえ不登校になったのだった。

9. どんな大雨が降ろうとも、よもや堤防が決壊するとは誰もが考えていた。

10. 上演中の私語を慎むことはもちろん、飲食や喫煙などは他の観客の迷惑となります。

11. コンサート会場に集まった群衆は、あたかも革命前夜の興奮に包まれながら、歌手の登場を大きな声援で迎えた。

12. 1週間前に貸した電車代を、いっこうに彼は忘れてしまったのか、親しい間柄でも金の貸し借りはしない方が無難だ。

13. 国道41号線の渋滞は、どうやら道路工事のせいではなく、自動車事故の処理に長い時間がかかっているのだが、長い時間待たされてうんざりだ。

14. ボランティア活動を通して、被災者の本心が少しでも知る機会に出会えて良かった。

15. クラスのみんなが、学校祭での出し物を、私の主張していたシリアスな悲劇ではなく喜劇に決まってしまったのが、とても残念だ。

技能編 第6回 **書き言葉の技能　基礎**

わかりやすさ　文のつなぎ方

次の文について、（　）の表現はどちらが適切でしょうか。正しいと思うほうを〇で囲みましょう。

> 彼はがんばって勉強したが、（合格した／落第した）。

「〜が」の続き方の問題です。「〜が」は、順接（合格した）にも、逆接（落第した）にも使える言葉として、現代ではよく使われていますね。ただし、わかりやすい文を書く場合には、どちらにも使えるということは問題になります。「〜が」は、できるだけ使わず、他の言葉に言い換えるようにしましょう。

> 彼はがんばって勉強した**けれども**、落第した。
> 彼はがんばって勉強した**ので**、合格した。

次はどうでしょう。

> A　彼は学生で、会社を経営している。
> B　話題の方法でダイエットをして（やせた／失敗した）。

Aでは、「彼」が「学生」であることと「会社を経営している」こととの関係を、書き手がどう考えているのかあいまいです。単に1人の人が2つのことをしていることを紹介しているだけなのかもしれませんが、「学生」が「会社を経営している」ことを意外だと感じているのかもしれません。

Bの場合は、「ダイエット」とその結果との関係をどう考えるかで、文のつながりを工夫した方がいい例です。「して」は、どちらの結果ともつながりますが、やはり一工夫して、関係をはっきりさせたいところです。

意味のつながりをはっきりさせて、つなぎ方を考えると、それぞれ次のようになります。

> A'　彼は学生でもあり、会社を経営してもいる。
> A"　彼は学生**なのに**、会社を経営している。

> B'　話題の方法でダイエットをした。うまくいってやせた。
> B"　話題の方法でダイエットをした。**けれども**、失敗した。

練習問題

1 次の文では「が」を逆接以外の用法で使っています。適当に言葉を補いながら、「が」を使わない表現に改めましょう。

1. 太郎はその問題に対して続行すべきだという意見を述べているが、私はその意見に賛成だ。

2. 街でばったり同級生に会ったが、ひさしぶりだったので話がはずんで、楽しい時間を過ごせた。

3. ワールドカップは4年に1度開催されますが、2010年は南アフリカ共和国開催なので、私はボランティアとして参加しますが、得意の英語を活かしてがんばろうと思います。

4. 先日、マラソン大会が行われましたが、私は陸上部に所属していますが、1年生の頃と比べるとずいぶん速くなりましたが、高校生活最後の大会でもあり、大会が終わったときには、感動しました。

2 次の文にはつながり方のおかしな部分があります。改めましょう。

1. 私はたくさん荷物を持っていて、彼女は身軽で、さっさと切符を買って先に行ってしまった。

2. 今日は休業日で、課長から電話があって、会社に呼び出されて仕事をして、デートに行けなかった。

3. 彼に電話をして、留守電になっていて、メッセージを入れて、約束の場所で待っていて、彼は来なかった。

技能編　第7回　書き言葉の技能　基礎

わかりやすさ　意味の限定

次の文はどういう意味だと思いますか。

> このはしをわたるべからず。

1つの文でありながらいろいろな意味に受け取られてしまう文のことを、「あいまいな文」と呼びます。上の例文では、「はし」の部分に2つの漢字をあてはめることができます。それぞれ漢字を当てはめてみると、次のようになりますね。

> この橋を渡るべからず。
> この端を渡るべからず。

この例文は一休さんのとんち話で有名な文です。とんち話に使うのであれば便利なのですが、一般社会でこのようなあいまいな文を書いてしまうと、相手に誤解されてしまう場合があります。そのようなことがないように、しっかりと練習していきましょう。

次の文は読点（「、」）の打ち方によって読み方や意味が違ってきます。打ち方を変えて2通りの文を作りましょう。

> ここからはきものをぬぎなさい。

この例文は、**知識編　第13回**でとりあげている「仮名づかい」の応用問題になります。読点をどこに打つかによって言葉の切れ目が変わりますので、それによって意味が違ってきます。例文ではもちろん、「は」が問題となります。「は」の部分を[ha]と読むか、それとも[wa]と読むかで、意味が違ってきます。

> ここから、はきもの（履き物）をぬぎなさい。[ha]
> ここからは、きもの（着物）をぬぎなさい。[wa]

次の文は読点の打ち方によって読み方や意味が違ってきます。打ち方を変えて2パターンの文を作りましょう。

> 太郎は自転車で逃げたどろぼうを追いかけた。

前の例文と同じように、読点をどこに打つかによって意味が変わってしまう、あいまいな文です。しかし、前の例文が「仮名づかい」の問題と関連していたのに対して、この例文は、言葉の修飾の仕方が問題となっています。この文では、2人の人物が登場しています。「太郎」と「どろぼう」ですね。それでは、「自転車」に乗っているのは、「太郎」でし

ょうか、それとも「どろぼう」でしょうか。読点のないこの文を読んだだけではわかりませんね。そこで読点を打って、「自転車」に乗っているのが「太郎」なのか「どろぼう」なのか、わかる文にするのです。「自転車」の前で読点を打てば、乗っているのは「どろぼう」になり、「自転車」の後で読点を打てば、乗っているのは「太郎」になります。

> 太郎は、自転車で逃げたどろぼうを追いかけた。（自転車に乗っているのはどろぼう）
> 太郎は自転車で、逃げたどろぼうを追いかけた。（自転車に乗っているのは太郎）

それでは、次の文はどういう意味でしょう。

> 2人の男の子と女の子。

句読点を打つだけでは意味を1つに決めることができない種類の問題です。自分で言葉を補って、意味を1つに決めなくてはいけません。この例文で問題になるのは、男の子と女の子を合わせると結局何人になるのか、ということです。さて、何人でしょうか。ここでは、「2人の」という部分が、どの部分を修飾するかで意味が変わります。

> 1人の男の子と、1人の女の子。（合わせて2人）
> 2人の男の子と、1人の女の子。（合わせて3人）
> 2人の男の子と、2人の女の子。（合わせて4人）

このように、修飾の仕方がはっきりしない文も、あいまいな文になります。

次の文はどうでしょう。

> けっこう、大きな美術館をゆっくりと時間をかけて回るのも、楽しいものである。

この文では、「けっこう」のあとに読点が打ってあるので、「けっこう」は「大きな美術館」にかかるのではないことは一応わかります。では、「けっこう」を受けるのはどこでしょうか。この場合は、「楽しいものである」ですね。よく考えるとこの「かかる」「受ける」の関係はわかるのですが、このようにかかる言葉と受ける言葉との間が離れすぎてしまっていると、なんだか読んでいてわかりにくい文になってしまいます。

> 大きな美術館をゆっくりと時間をかけて回るのも、**けっこう** 楽しいものである。

かかる言葉と受ける言葉は、近くにあるほうがわかりやすい文になることが、よくわかりますね。読点の位置だけでなく、言葉そのものの位置にも気をつけるとよりわかりやすくなります。（→**第8回**）

練習問題

① 次の文について、意味が1通りになるように句読点を書き込みましょう。

1．一郎は着替えをして会議に出席する父親に同行した。

2．太郎はラジオを聴きながら手を動かしている職人を見ていた。

3．来月のテストはやめてください。

4．犯人は運動選手で足の速い三郎に追いかけられた。

5．私はあわてた花子に失敗を望んだそんな自分が嫌いだ。

② 次の文はあいまいな文です。意味が1通りになるように直しましょう。

1．窓からくもが見えた。

2．しっぽの長い犬と猫がいる。

3．花子さんの双子の妹の月子さんが結婚した。

4．次郎が好きな女の子があそこに立っている。

5．彼と同じくらいその人が好きです。

6．あなたはその試験を受けられますか。

7．私は伊藤さんと鈴木さんの家を訪ねた。

8．先生と生徒3人が風邪で休んでいる。

3 次の文は、かかる言葉と受ける言葉との間が離れすぎていて、わかりにくい文になっています。順序を入れ替えてわかりやすい文に直しましょう。

1. 太郎は1年ほどアルバイトをしてイギリスに留学した。（留学期間は1年間）

2. 私はとても、去年の研修旅行はひどい天候になってしまったので、今年の研修旅行を楽しみにしている。

3. 彼はかなり、子どもの頃の食習慣のせいなのだろうか、仲の良い友達の間でも、食べ物の好き嫌いが多い方だ。

4. 近頃ではよく、映画の上映中や芝居の公演中にも関わらず、バリバリお菓子を食べる人は見かけなくなったが、その代わりに平気で携帯電話を鳴らす人を見かけるようになった。

5. おそらく、その飛行機事故の原因は、当初報道されていたエンジントラブルなどの機体の故障にあるのではなく、パイロットの不注意によるものではないかと考えられている。

6. 残念ながら、予選を順調に勝ちあがり、決勝でも試合の前半を有利に進めていたにも関わらず、つまらないミスから後半に逆転を許してしまい、悔しい結果となってしまった。

技能編　第8回　**書き言葉の技能　基礎**

わかりやすさ　言葉の順序

ここでは、わかりやすく書くために、実際にどのような点に注意を払えばよいのか実践的に学習していきましょう。まず、1匹の猫を思い浮かべてみてください。頭の中に思い浮かべられた猫の特徴は人それぞれ違うはずです。その猫がどのような猫なのかを他人に説明するとします。例えば、次のような性質を持った猫だとしましょう。

```
白い猫
縁側で眠るのが好きな猫
かわいらしい猫
```

並べ方の可能性としては、次の6パターンがあります。

```
A  白い／縁側で眠るのが好きな／かわいらしい
B  白い／かわいらしい／縁側で眠るのが好きな
C  縁側で眠るのが好きな／白い／かわいらしい
D  縁側で眠るのが好きな／かわいらしい／白い
E  かわいらしい／白い／縁側で眠るのが好きな
F  かわいらしい／縁側で眠るのが好きな／白い
```
＋ 猫

Aでは「縁側」が「白い」、Fでは「縁側」が「かわいらしい」、B・Eでは「縁側」が「白い、かわいらしい」と誤解されるおそれがあります。それは、本当は「猫」にかかるべき「白い」「かわいらしい」が、間に「縁側」という言葉が入ったせいで、「猫」ではなく「縁側」にかかるような印象を与えてしまうためです。

```
C  縁側で眠るのが好きな白いかわいらしい
D  縁側で眠るのが好きなかわいらしい白い
```
＋ 猫

とすると、もっとも誤解を招くことの少ない表現になりますね。このように、並べる順序によって「かかる言葉」と「うける言葉」との関係が左右され、誤解されやすくも、わかりやすくもなります。

さて、「縁側で眠るのが好きなかわいらしい白い猫」を、あなたが「小学生の頃に」「飼っていた」ことがあるとします。これはどのように表現したらよいでしょうか。

```
G  縁側で眠るのが好きなかわいらしい白い猫／を／小学生の頃に／飼っていた。
H  小学生の頃に／縁側で眠るのが好きなかわいらしい白い猫／を／飼っていた。
```

これはどちらでも構わないのですが、Hの場合、一見すると、「小学生の頃に（私は）縁

側で眠るのが好き……」のように読めてしまいそうです。後までゆっくり読めば、「縁側で眠るのが好き」なのは（私）ではなく「猫」であることがわかりますが、わかりやすさを考えれば、「小学生の頃に」の後に読点を打っておくのがよいでしょう。

小学生の頃に、縁側で眠るのが好きなかわいらしい白い猫を飼っていた。

練習問題

1. 語群の中の言葉はすべて「　」の付いた言葉にかかります。もっともわかりやすい形に並べ替えましょう。

1. 「列車」
   語群｛青い・カモノハシのような流線型の・大勢の乗客で混雑した｝

2. 「帰る」
   語群｛学校から・好きなテレビ番組を見るために・友達の誘いを断って・急いで｝

3. 「振った」
   語群｛手を・笑いながら・歩道を歩いている友人に・彼は｝

4. 「書かれた」
   語群｛多くの物語や日記などが・貴族階級が栄えた平安時代の中頃に・女性の手によって｝

5. 「認められていない」
   語群｛法律上・様々な問題があるにも関わらず・夫婦が別々の姓を選択することは・現在の日本では｝

2 次の語群の中の言葉をわかりやすく並べ替えましょう。

1. 語群 ｛信用は・傷つけられた・その大学の・激しく・地域社会において・長い時間をかけて作り上げられた・1人の教授の犯罪行為によって｝

2. 語群 ｛ゆっくりと・台風が・最大風速30メートルの・小笠原諸島南方から北上してきた・日本列島の上空を・北東の方角へ・1時間に50ミリの激しい雨をもたらす・平均時速約15キロで・通過中だ｝

3. 語群 ｛地球規模でクローズアップされている・UVカット商品を・新しい成分を配合した・発売している・各化粧品会社は・競いあうように・害から肌を守るために・紫外線の｝

3 例に倣って、いろいろな表現に挑戦してみましょう。

例　**冷蔵庫　コンポ　パソコン　携帯電話　電子レンジ**
上の言葉の中から1つ選び、その言葉に4つ以上の言葉がかかるように表現しましょう。

→　（アルバイトをして買った）（持ち運びもできる）（MD搭載の）（黒い）**コンポ**

1. （ 車　バイク　自転車　電車　飛行機 ）

上の言葉の中から1つ選び、その言葉に4つ以上の言葉がかかるように表現しましょう。

2. （ 犬　猫　ハムスター　熱帯魚　鳩(はと) ）

上の言葉の中から1つ選び、その言葉に4つ以上の言葉がかかるように表現しましょう。

3. X （男　女　子ども）　Y（食べる　歩く　笑う　書く）

上のX、Yからそれぞれ1つずつ言葉を選び、「XがYする」の文を作りましょう。そのとき、それぞれに3つ以上の言葉がかかるようにしましょう。（Yは「食べている」「歩いた」などのように形を適当に変えましょう。）

4. X（テレビ番組　音楽　映画　本）　Y（始まる　受賞する　売れる　批判される）

上のX、Yからそれぞれ1つずつ言葉を選び、「XがYする」の文を作りましょう。そのとき、それぞれに3つ以上の言葉がかかるようにしましょう。（Xはあなたの知っている実際にあるものの名前に代えましょう。Yは形を適当に変えましょう。）

---

tea break　もっと勉強したい人へ

今回学習した表現の工夫について、もっと詳しく考えてみたいという人には、本多勝一氏の『日本語の作文技術』（朝日文庫）をお薦(すす)めします。この本では、日本語を英語などに比して非論理的な言語だと考えるような俗論を退け、わかりやすい日本語を書くにあたっての役に立つテクニックが、新聞記者らしい簡潔な文体で説明してあります。時間に余裕がないので全部は読めないという人は、その第一章から第四章までだけでもぜひ目を通してみてください。日本語という言語に対する考え方が変わるかもしれません。本テキストも、本多氏の著書から多大な恩恵を受けています。

技能編 第9回 **書き言葉の技能　応用**

要旨をとらえる

レポートや論文を書く準備段階では、自分の設定したテーマに関わる資料や先行論文を的確に読解し、そこから得た情報を整理しておく必要があります。本書では、書かれている情報を文脈から切り離して採集するやり方ではなく、筆者の議論全体の流れをまとめていく方法を今回と次回にわたって学んでいきます。この回では、まず論の要旨をとらえる練習をしていきましょう。

まず最初にすべきことは、その文章が何について述べているのかを頭に入れることです。繰り返して使われるキーワードなど、語の単位で探しても良いでしょう。そしてその次に、その題材についてどのようなことを言っているのかをとらえて下さい。1つの文章は、その題材を説明していたり、その価値を評価したりといった、さまざまな部分から成り立っています。それぞれの部分がどのような関係をとりながら次につながっているかに注意するようにしましょう。接続語などに気をつけて読んでいくのも1つの方法です。

例題　書き出しの文に続くように1〜8の文を並べ替えましょう。

中学生や高校生や大学生の頃、私は「世界恐慌」とか「恐慌」という言葉がこわかった。

1　「世界恐慌」が登場したら、これはもう明確に「戦争の危機」で、果たして1929年の世界恐慌は、「第2次世界大戦への引き金」だったりもする。「経済恐慌」が登場したら、もうおしまいなのである。こんなメチャクチャなことがあるだろうか。

2　「"ウォール街の株暴落から世界恐慌が始まった"というのは、もしかしたら"バブルがはじけた"ということではないのか？」と思うと、なんだかすべてが分かるように思えた。1929年、バブルははじけた——こう言われると、「世界恐慌」がなんとなく分かる。

3　にもかかわらず、「経済恐慌」とか「世界恐慌」のなんたるかがさっぱり分からない。

4　1920年代の世界は、バブル経済だったのである。「1980年代の日本に、世界中の金は流れ込んだ」の8を2に変えれば、1920年代のアメリカなのである。

5　そんな私に訪れた転機——それが、1990年代初頭における「バブルの崩壊」なのである。

6　この言葉が何を意味するのかが、よく分からない。それがもたらす因果関係も分からない。

7　「恐慌」がこわかったわけじゃない。その頃の私に、世界恐慌で大損するほどの金があるわけもない。私の親だとて同然である。こわいのは、「恐慌」という言葉なのだ。

8　にもかかわらず、近現代史の本の中に「恐慌」という言葉が登場すると、必ず社会様相が悪い方向へと転ぶ。

橋本治「年頭言1929」
(『毎日ムックシリーズ 20世紀の記憶　ロストゼネレーション　失われた世代 1920-1929』毎日新聞社、00. 7)
ただし、作問の都合上、原文の段落を無視し、文章の1部を注記なく省略しました。

書き出しの１文を読む時点で、話がどのように展開するか見当を付けておくといいでしょう。この文章には若いときの筆者の「世界恐慌」に対する考え方が書かれているのだから、その後の話の展開は、その考え方がどう変わっていくかだと予想されるはずです。注目すべきなのは「恐慌という言葉がこわい」という部分。そこで7に注目すれば、書き出しの文を補足説明する内容となっており、これが後に続くと考えられます。

←書き出しの１文に注目！！

筆者は「恐慌という言葉」にこだわっています。したがって、「この言葉」という形で始まっていく6が、スムーズに7を受けることができそうです。

←キーワードを発見。

6では筆者が「恐慌」という言葉の意味も、それがもたらす因果関係もわからないと言っていました。これに続くのは何でしょうか。一般的な恐慌への理解を説明する8が関係があるようです。6から8をつなげば、〈筆者にはわからないけれども、世の歴史書では〜だ〉という流れになり、逆接の関係になります。8の書き出しにある「にもかかわらず」は、そのような論の展開にふさわしいと考えられます。

←論理関係をとらえる。

8で話題にされた「近現代史の本」での「恐慌」のとらえ方は、1のところで具体的に説明されています。1の最後は「こんなメチャクチャなことがあるだろうか」という筆者の感想に戻ります。そこで次に続くと考えられるのが、〈「恐慌」の意味がわからない〉という、筆者のそもそもの疑問を再確認する3です。1では、「経済恐慌」と「世界恐慌」とを２つセットにして扱っています。3でもこの２つを並べていて、発想がきわめてよく似ているので、1から3へ展開すると推測できます。

←発想の類似に気をつける。

さて、その後は消去法による説明になります。今残っている選択肢2、4、5を見てみましょう。ここでは「バブル経済」という新たなキーワードが出てきます。3以降で話の流れが急展開すると考えられそうです。〈「恐慌」の意味がどうにもわからなかった筆者に「転機」がきた〉という5が、3の後に置けそうです。5に突然登場した「バブル経済」というキーワードは、ここまでの主題であった「世界恐慌」とどのような関係なのかがわかりません。それを説明しているのは2です。2の〈世界恐慌＝バブル経済〉という筆者の仮説を具体的に表現した4は、その後に置かれるのが適当でしょう。

←最後は消去法で。

【解答】7→6→8→1→3→5→2→4

練習問題

1　書き出しの文に続くように1〜7の文を並べ替えましょう。

現在レトリックという言葉はかなり多義的な使われ方をしている。その多義性は実はレトリックの歴史を反映しているのだ。

1　まさしくレトリックの歴史は退却につぐ退却の歴史であった。

2　そして十九世紀末から二十世紀の初めにかけて、確かにレトリックは1度死を宣告されたはずなのだ。もし教育制度の庇護(ひご)を受けて学校で教えられていなかったら、レトリックの死はもっとずっと早まっていたことは間違いない。

3　人によってその判定は異なるとはいえ、レトリックの死は常に近代の始まりと関連づけられ語られてきたことは動かない事実だ。

4　レトリックはギリシア・ラテン以来「弁論術」を意味していたが、中世から近世にかけて「修辞学*1」を意味するようになった。

5　その戦場は法廷・議場から、作家・詩人の書斎、学校の教室、研究者の書斎へとしだいに縮小しつづけた。

6　デカルト以来の近代合理主義・客観主義の要請にレトリックは答えられなかったのだ。

7　現在ではメタファー（隠喩(いんゆ)）やメトニミー*2（換喩(かんゆ)）、シネクドキ*3（提喩(ていゆ)）などの主要な「言葉の工夫」（文彩）を指すまでに意味が狭められている。

　　　　　　　　＊1　言葉を整え、美しく飾って巧みに言い表す技術についての学問。
　　　　　　　　＊2、＊3とも、比喩の種類を言う言葉。
　　　　　　　　野内良三『レトリックと認識』「はじめに」（NHKブックス894、00.8）
　　　　　　　　ただし作問の都合上、原文の段落を無視し、文章の1部を注記なく省略しました。

ヒント

書き出しの文から、レトリックの「歴史」がテーマとわかりますね。したがって、時代順に話が進むと予想がつくでしょう。ちなみに弁論術が使われる場は法廷・議場、修辞学に関わりのある場所は作家・詩人の書斎、教室、研究者の書斎です。

レトリックの歴史に対する筆者の評価は「退却に次ぐ退却」というものです。筆者は「戦場」、「退却」といった比喩を使っています。これらの比喩には意味的な関連があります。この問題のように、比喩から筆者の発想の道筋がたどれ、文の連続性が見えてくることもあります。

解答　　　→　　　→　　　→　　　→　　　→　　　→

② 書き出しの文に続くように1〜7の文を並べ替えましょう。

> 二十一世紀は「方法の時代」になるだろうと考えている。ここで「方法」といっているのは、「主題の時代」ではないという意味だ。
>
> 1 それゆえ、おそらく問題は「主題」にあるのではない。
> 2 たとえば平和、たとえば教育問題、たとえば安全保障、たとえば経済協力、たとえば環境保全、たとえば飢餓脱出……。これらは地球上のどんな社会にとっても、いまや最も重要な主題として認識されている。
> 3 しかし、事態はけっしてうまくは進んでこなかった。誰だって戦争は危険なもの、爆撃は危険なものだとおもっているけれど、戦争はなくならないし、経済恐慌は避けたほうがいいとはわかっているが、どの国だって好景気はなかなか続かない。亭主も元気でいるとは限らない。
> 4 きっと、問題の解決の糸口はいくつもの主題を結びつける「あいだ」にあって、その「あいだ」を見出す「方法」こそが大事になっているはずなのだ。
> 5 すでにわれわれは二十世紀においてだいたいの主題を提出し、その展開が意外にも難題をたくさんかかえていることを知った。
> 6 加うるに「地球にやさしい」「子供は創造的な環境にいたほうがいい」「市場は自由な競争がいい」といったことは、まるで「亭主元気で留守がいい」「お酒はぬるめの燗(かん)がいい」とばかりに、おおむね二十世紀後半の大前提になった。
> 7 つまりどのような主題が大事かは、だいたいわかってきて、ずらりと列挙できているにもかかわらず、それだけではけっしてうまくはいかなかったのである。
>
> 松岡正剛『知の編集術』「第一章　編集は誰にでもできる」（講談社現代新書、00・1)
> 都合上、原文の段落は無視し、文章の1部を注記なく省略しました。

ヒント

この文のキーワードは何でしょうか。「方法」と「主題」ですね。筆者は現代をなぜ「方法の時代」であって、「主題の時代」ではないというのでしょうか。この質問の答えになるように、文章を並べ替えていけばよいでしょう。

解答　　　→　　　→　　　→　　　→　　　→　　　→

技能編 第10回 書き言葉の技能　応用

要約

　講義やゼミでノートを取る時、みなさんはどうしていますか。その場で話された内容を全て書き取ることは不可能ですね。そこで、重要な点だけを、単語や短い文で書き取ったり、書く位置を工夫したり、それぞれを矢印などの記号でつないだりして、講義の流れが再現できるような工夫をすることになりますね。人の話の要点をつかむこのような技術は、職場で電話の取り次ぎの伝言メモを作成する際にも応用することができます。談話の内容をまとめる練習は**総合応用**で行いますが、ここでは特に、ある程度まとまった文章をまとめていくことを学びます。

　文章を「要約」する技術は、今後みなさんが論文やレポートを書くとき、参考文献の内容を自論に生かす場合に必要になる大切な技術です。ただし、ここで気をつけて欲しいことがあります。この回で言う「要約」とは、文章の中から重要な点をピックアップするだけの作業ではありません。その文章を、文章全体の骨組みは残しながら、要点をまとめていくことを指します。

　要約をする手順を説明しましょう。
1. 文章を読む前には、タイトルや見出しにも注意しましょう。そしてその文章が何について書いているのか、見当をつけてみましょう。そうすることで文章のキーワードやキーセンテンスを探すのが楽になることが多いからです。
2. 文章を実際に読むときは、キーワードやキーセンテンスを傍線や囲みなどでマークし、そのキーワードの説明となる部分と線で結びつけてみるのも1つの方法です。
3. その作業が終わったら、ピックアップしたキーセンテンスを抜き出し、頭の中でつないでみます。重複する部分は省き、逆に言葉が足りない部分は他の部分から補充しながら、原文の論の流れに沿ってつなぎ合わせます。
4. あとは、用途に応じて字数を調整します。

　注意すべきことは、あくまでも原文の筆者の立場に立って文章を書くということです。要約文中に、要約をしているあなたの意見を交える必要はありません。筆者の論述に、疑問を感じたり、反論をしたいと思っても、要約をしているときは、そういったあなたの立場からのコメントを混ぜないよう気をつけてください。自分の意見と他人の意見とを、はっきり書き分けることをこころがけましょう。

例題 次の文章を200字で要約しましょう。

> 　十五日に国会と内閣に提出された人事院勧告*¹は、公務員給与のあり方について、これまでの民間企業の給与の平均との単純な比較にとどまらず、「個人の能力や実績をより一層重視した給与体系の実現に向けた見直しを進める」という考えを強く打ち出した。個人の能力や働いた成果を賃金やボーナスに反映させる「成果主義」が民間企業に広がっていること、専門知識などをもつ人材が公務員の世界で今まで以上に重要になっていること、などに対応したものだ。年功序列の色彩が濃い公務員給与にとって大きな変革となるが、個人の実績や成果をどう評価するか、公平性とのバランスをどう取るか、など実現までに解決すべき課題は多い。
>
> 　現在の人事院勧告は、公務員と民間の給与水準を比較し、その差を埋めるために賃上げを求める「民間準拠方式」を基本としている。しかし、経済の低成長など企業を取り巻く経営環境が変化したため、民間で「成果主義」が広がってきた。年齢や勤続年数、職種などが同一でも、給与に個人差が生じれば、これまでと同じ方式で対比することが難しくなる。人事院は、現在の公務員給与の体系のままでは、「民間と著しくかい離して、適正な給与を確保できなくなる」としている。
>
> 　また、職員の意識の変化も大きい。勧告は「将来の処遇が不透明な中、昇進や昇格のみでは、（就業の）十分な動機付けにならなくなっている」と指摘。実績に見合った待遇をすることが、全体の士気の維持のために必要だとしている。
>
> 　さらに、公務員の給与体系を揺り動かしているのは、行政が取り組まざるを得ない課題が高度化、専門化している点だ。金融問題や外交問題など急速に複雑化する政策課題に対応するため、政府は来年度から高度な専門知識や豊富な実務経験を持つ民間人を5年以内の任期付きで採用する。人事院はこれらの人材の給与について、かなりの高給を保証したうえで、実際に業績が上がった場合は一時金を支給すべきだ、との考え方だ。
>
> 　「官」と「民」の敷居が低くなり、相互の人事交流が進めば、待遇の良い方に人材が流れてしまうことは避けられない。人材確保のためにも、公務員の給与体系は、民間の影響を受けざるを得ないだろう。
>
> *1　公務員は労働権を制限されているので、人事院はそれに代わり、給与の改定などの勧告を国および内閣に対し行う。
>
> 『朝日新聞』「成果主義への対応課題」（2000年8月16日付記事）

見出しと第1文を読んだ時点で、この記事は今年の人事院勧告の内容を報じていることがわかります。さらに見出しから、今年の勧告の中心が「成果主義」であり、それが今後の課題として挙げられたと予想できます。したがって、キーワードも「成果主義」となりそうですね。

それでは、キーワードを枠囲みで、キーセンテンスを傍線で、キーワードを説明している部分を波線で本文中に入れてみましょう。

十五日に国会と内閣に提出された人事院勧告は、公務員給与のあり方について、これまでの民間企業の給与の平均との単純な比較にとどまらず、「個人の能力や実績をより一層重視した給与体系の実現に向けた見直しを進める」という考えを強く打ち出した。個人の能力や働いた成果を賃金やボーナスに反映させる「成果主義」が民間企業に広がっていること、専門知識などをもつ人材が公務員の世界で今まで以上に重要になっていること、などに対応したものだ。年功序列の色彩が濃い公務員給与にとって大きな変革となるが、個人の実績や成果をどう評価するか、公平性とのバランスをどう取るか、など実現までに解決すべき課題は多い。

　現在の人事院勧告は、公務員と民間の給与水準を比較し、その差を埋めるために賃上げを求める「民間準拠方式」を基本としている。しかし、経済の低成長など企業を取り巻く経営環境が変化したため、民間で「成果主義」が広がってきた。年齢や勤続年数、職種などが同一でも、給与に個人差が生じれば、これまでと同じ方式で対比することが難しくなる。人事院は、現在の公務員給与の体系のままでは、「民間と著しくかい離して、適正な給与を確保できなくなる」としている。

　また、職員の意識の変化も大きい。勧告は「将来の処遇が不透明な中、昇進や昇格のみでは、（就業の）十分な動機付けにならなくなっている」と指摘。実績に見合った待遇をすることが、全体の士気の維持のために必要だとしている。

　さらに、公務員の給与体系を揺り動かしているのは、行政が取り組まざるを得ない課題が高度化、専門化している点だ。金融問題や外交問題など急速に複雑化する政策課題に対応するため、政府は来年度から高度な専門知識や豊富な実務経験を持つ民間人を５年以内の任期付きで採用する。人事院はこれらの人材の給与について、かなりの高給を保証したうえで、実際に業績が上がった場合は一時金を支給すべきだ、との考え方だ。

　「官」と「民」の敷居が低くなり、相互の人事交流が進めば、待遇の良い方に人材が流れてしまうことは避けられない。人材確保のためにも、公務員の給与体系は、民間の影響を受けざるを得ないだろう。

それでは、今マークしたアンダーライン部をつなぎ合わせていきましょう。機械的につなぎ合わせると次のようになります。

十五日に内閣に提出された人事院勧告は、公務員の給与のあり方について、「個人の能力や実績をより一層重視した給与体系の実現に向けた見直しを進める」という考えを強く打ち出した。現在の人事院勧告は、「民間準拠方式」を基本としている。民間で「成果主義」が広がってきた。これまでと同じ方式で対比することが難しくなる。職員の意識の変化も大きい。実績に見合った待遇をすることが、全体の士気の維持のために必要だとしている。さらに、公務員の給与体系を揺り動かしているのは、行政が取り組まざるを得ない課題が高度化、専門化している点だ。相互の人事交流が進めば、待遇の良い方に人材が流れてしまうことは避けられない。人材確保のためにも、公務員の給与体系は、民間の影響を受けざるを得ないだろう。

これで334字。まだ多すぎるので、削っていきましょう。また、例えば第2文と第3文など、つながり方が不自然なところもあるので、合わせて訂正もしましょう。

> 十五日提出の人事院勧告は、公務員の給与について能力や実績を重視する見直しを強く打ち出した。民間で「成果主義」が広がった**ため**、従来の「民間準拠方式」での対比が難しい**ことに加え**、職員の意識も変わり、実績に見合う待遇が全体の士気の維持に必要と勧告はいう。行政課題も高度化、専門化し、官民の人事交流が進めば待遇の良い方に人材が流れてしまう。人材確保のためにも、公務員の給与体系は民間の影響を受けざるを得ない。

これでぴったり200字です。機械的につないだ段階で、前後のつながりがわかりにくい部分は、原文の論旨に即して文と文との関係を復元しつつ、つなぎ合わせます（文の太字で表示された部分）。

ここでは200字というかなり厳しい条件が課されていますので、原文にはあった、専門用語の説明にあたる部分や、記者の推量や個人的判断を表す表現（「〜だろう」など）をばっさり切り捨てて、文章の骨組みだけを残しました。もう少し字数に余裕があれば、個々の文が誰の立場からのものなのか（例題でいえば、人事院勧告の内容なのか、記者の論評なのか）がわかる形で要約してもよいでしょう。

どのような情報を残すべきかについては、誰もが迷うことでしょう。その基準は要約の目的によって変わってくるので一概には言えません。要約する人がどのような情報を欲しくて読んでいるか、要約文を誰に読ませるかなど、条件に応じて考えます。論理的関係が混乱しない限り、よく知っている内容は外すという基本方針を立てることはできるでしょう。その上で、要約文を読む人がどの程度、内容について知識があるかを考慮すれば、情報を選択する基準をさらに絞り込んでいくことが出来ます。例えば、授業で課されるレポートの中で参考文献の要約が必要となる場合、たとえ専門的な事項でも、その授業では常識となっているような内容は、要約文中にその説明を繰り返す必要はないということです。

練習問題

1　次の文章を400字で要約しましょう。（巻末の原稿用紙を使用すること）

> 　ネットサーフィンとは、インターネットのユーザーがホームページのリンク（関連づけ）をたどりながら、サイバースペース[*1]をサーフしていくことであるが、この言葉は、アメリカの雑誌『ワイアード』の編集者が「チャンネルサーフィン」からヒントを得て作ったという。チャンネルサーフィンとは、チャンネルをあちこち切り替えながらテレビを見ることである。
> 　新しいメディアは、既存のメディア形式に〈寄生〉するところから発展する。テレビは、映画の技法をまね、視聴者も、テレビ画面の中に「小さな」映画を見た。
> 　しかし、テレビが「チャンネルサーフィン」のようなやり方で見られるようになるにつれて、テレビは映画への〈寄生〉を完全に清算する。観客が映画館で映画を好き

な画面だけ選んで見ることは、少なくともこれまでは不可能であり、「チャンネルサーフィン」は、映画の見方とは一線を画するからだ。

ウェブページ*² のネットサーフィンから出発したインターネットは、まさに、映画を脱したテレビ（「ポストテレビジョン」）に身をすり寄せたことになる。そして、今後ますます、テレビの機能に〈寄生〉しながら、それを食い尽くしていくだろう。そのとき、「チャンネルサーフィン」とは、実は、テレビの終末現象であったことが回顧されるかもしれない。

テレビは、映画とちがって環境化する特質がある。だから、視聴者は、その画面を凝視するよりも、漠然と〈ながめる〉ことに慣れる。これに対して、〈サーフ〉とは、波に乗るとはいっても、決してぼんやりながめるような意味での受動的な行為ではない。

日本の場合、チャンネル数が少ない上に、それぞれの局の番組に個性がないので、サーフィンの醍醐味は味わえないが、「デジタル多チャンネル時代元年」といわれる一九九七年以後は、テレビゲームの感覚でテレビをサーフする見方が一般的になるかもしれない。

インターネットは、こうして、当分のあいだ、テレビの環境化的、受動的な性格を受け継ぎながら、次第にコンピュータ本来の特性をあらわしていくはずだが、効率のよい「テレビ」という使い方が、当面、インターネットのトレンドである。あらかじめセットしておくと自動的にネット上をサーフして、画面やデータをセーブしてくれるような受動的なソフトが出来ているのも、そのあらわれである。

インターネット自体は、発信と受信を同時に行なえる双方向のメディアだが、この特質は、それが本領を発揮すればするほど、全般化せず、逆に少数者のなかにひきこもる傾向がある。いまインターネットで進行しつつある関係は、一部の発信者と大多数の受信者という偏ったものであるが、それが今後ますます強まることはまちがいない。

その結果、少数者が世の中を動かす傾向が強くなるわけだが、これは、かつての寡頭政治*³ とは異なり、その少数派と多数派との関係はつねに流動的である。今日受動的にふるまっている者が、明日は世界を動かしているというような劇的なことがくり返されるのである。ある種の「階級差」は拡がるが、その階級はつねに組み替えられるのであって、安定した寡頭階級は存在しえない。

いずれにしても、受動的な多数派の層は厚くなるわけだから、全体としては、いまよりはるかに受け身の状況が支配的となるだろう。「嗜眠*⁴」、「耽溺」、「中毒」といった言い方で表現できるある種の世紀末文化はコンピュータが浸透する社会では避けられない。

以上はコンピュータの使われ方が、いまのまま進んだ場合の話だが、もし、コンピュータに対して別の選択がなされるなら、これとは違った方向が生まれる可能性がある。

コンピュータは、通常、われわれの知覚や認識を拡大する装置だと考えられているが、そうではなくて、むしろそれは、われわれの知覚や認識が鈍化するからこそ要請される装置なのだと考えることもできる。実際、記憶をとってみても、コンピュータ

への依存がますます深まっているわれわれが、以前よりもいかに多くの能力を失っているかは明らかだ。

　しかし、ここでコンピュータと縁を切ったところで、もとの能力が回復されるわけではない。それならば、むしろ、コンピュータがなければ生きられないというような状況——「無能」の極限に自分を追いつめてみる方がよいのではないか？　コンピュータは、まだ、そこまでわれわれを追いつめるほど進化していないのだが、おいおいそのような条件はととのうだろう。そして、そのとき、われわれは、これまで無視してきた「弱者」や他者と本当の対話をする次元に出会うことができるのであり、少なくともテクノロジーからそのような可能性を引き出すのでなければ、われわれの未来には、いつ終わるともしれない嗜眠状態が続くだけだろう。

＊1　コンピュータ・ネットワークの電子的世界の中で仮想的な情報や交流の場となる空間のこと。
＊2　ホームページと同義。
＊3　少数の者が政治的な権力を握って行う政治形態。
＊4　医学用語としての意味合いは、意識障害の1種で、高熱や衰弱のために、強い刺激を与えない限りぼんやりと眠り続ける状態のことをいう。

粉川哲夫「ネットサーフィン」(『世界臨時増刊　世界を読むキーワード4』岩波書店、97・4)

ヒント

一読した段階で、大づかみで構いませんので、この文章が何を問題にしているのかを把握してください。この文章で述べられていることは大きく分けて次の2点ですね。まず、インターネットのメディアとしての特質について（第7段落まで）。次に、その特質から生まれるネット社会の中での情報発信者と受信者との関係の将来についてです。

これら2つのポイントについて、それぞれどう説明しているでしょうか。前半では〈テレビとインターネットを比較し、テレビ＝「受動」、インターネット＝「能動」〉という図式を導いています。「受動」対「能動」の図式は、この文章の鍵になっていくので、きちんと押さえておきましょう。

一方、後半部分ではネット社会の現状に話が転じます。一部の情報発信者と、大多数の受信者との関係に、前半で論じた「受動」と「能動」の対立図式を少し形を変えながら重ねています。最終的に議論はネット社会だけのことにとどまらず、未来社会の文化的状況のことにまで拡大されていきます。その部分では筆者の提示する2つの未来像を簡単にとらえておけばよいでしょう。

この文章は、筆者が慎重に論を進めるあまり、それぞれのトピックについて相反する立場からコメントが差し挟（はさ）まれ、筆者の立場がどちらなのかがわかりにくいという特徴があります。しかし丁寧に読み込んでいけば筆者の立場がどこにあるのかは見えてきます。短い字数で要約するのですから、筆者の最終的に選択した立場でない部分や、議論の本筋に関わらない部分は、なるべく簡単にまとめるか、切り捨てることも必要になるでしょう。

技能編 第11回 **書き言葉の技能　発展**

レポートの書き方

1. 学生にとってのレポートとは‥‥‥

　教師の要求に応じて提出する「学術的な調査報告書」、と内容を規定することができます。ただし多くの場合そこでは、学生自身の「意見」や「主張」を表明する必要があります。

2. テーマが与えられたら‥‥‥

　まず、レポートで何をとりあげたいか、おおよその主旨を仮説としてまとめてみましょう。あなたが書こうとする論の大筋を、200字程度の主題文として書いてみるのです。（もちろんこれは、「仮説」ですから、調査の結果変えなければならないかも知れません。）主題文の作成は作業の前提として重要な出発点となります。

3. 仮説の主題文が書けたら‥‥‥

　テーマの方向付けができ、仮説の主題文が書けたら、主張の裏付けとなる資料探しを始めます。キーワードとなる言葉を手掛かりに、インターネットを活用して関連情報を集めたり、図書館で参考資料を探したりしましょう。

4. 資料が集まったら‥‥‥

　ある程度の資料が集まったら、その資料にまずはざっと目を通し、必要と思われる箇所を確認し、付箋を貼るなどしておきます。次に、それらの箇所を丁寧に読み返し、重要な箇所はメモをとるか、コピーしておきましょう。

5. アウトラインとタイトルを設定するには‥‥‥

　書き始める前に、全体の輪郭（アウトライン）とタイトルとを決めましょう。
　全体の構成については、「起承転結」による4段構成法がよく知られています。ただし、レポートの場合はむしろ、「序論・本論・結論」の3段構成法の方が書きやすいはずです。
　与えられたテーマについて、まずは問題点や論の方向性を示し、次に資料を使ってそれらを詳しく論じます。最後に自分の意見を簡潔に述べるという流れをつくり、全体に統一性を持たせることが大切です。
　タイトルは、全体のテーマを端的に表し、かつインパクトのあるものにします。あらかじめタイトルが決められている場合でも、サブタイトルとして、自分の論のポイントになるキーワードを考えておくといいでしょう。

6. 本論では何を書くのか‥‥‥

　本論とは自分の主張を支える根拠、あるいは理由を、資料を使いながら説明するところ、すなわち「論証」の場です。抽象的な表現は避け、あくまでも「具体的」に書くことを心掛けましょう。

では実際に、ゼミで「犯罪と人権について」というテーマを与えられた橋口由美さんの作業を例にとって、具体的な手順をみていきましょう。

由美さんが最初に「仮説」として考えたのは大体次のようなことでした。

> 犯罪の被害に遭った人の人権が、いろいろな意味で守られていないことが多いように思われる。特に、凶悪な少年犯罪の被害者に対してそういうことが多い。少年であってもきちんとした裁きを受け、またその結果や過程はきちんと被害者に知らされるべきではないか。少年の凶悪犯罪がとても増えているのは、少年だからということで、厳しく罰せられなかったり、被害者の苦しみを知る機会が少ないからだ。

由美さんのゼミを担当する斎藤先生は、社会学の研究者で、少年問題についていくつか論文を発表なさっているようです。まずは、斎藤先生の論文から出発して、調べてみることにしましょう。

大きな図書館へ行くと、論文や著書をオンラインで検索できることが最近では多くなりました。由美さんもまず図書館の検索システムを利用してみることにします。斎藤先生の名前と、「少年」「犯罪」などのキーワードで検索してみると、6本の論文名がでてきました。図書館の「参考コーナー」へ行って、それぞれの論文が図書館のどこにあるかを調べ、コピーを取ります。

コピーした論文を読んでいくと、他の研究者の論文が引用されています。由美さんは引用されている論文の中から、自分のテーマに関係ありそうなものをさらに図書館で探し、それもコピーしました。

帰宅してコピーに目を通してみると、いろいろな事が書かれています。由美さんは重要だと思ったところや、自分のレポートに引用したいと思ったところに線を引いたり、付箋を貼ったりしながら、読み進みました。

資料を読み終わって、もう少し別の角度から見られないか、と考えた由美さんは、インターネットを使ってみることにしました。「少年犯罪」「少年法」「犯罪被害者」などのキーワードでいくつかのホームページにアクセスしてみると、いろいろなサイトがあり、由美さんはここでもあちこちメモをとりながら考えました。

以上の作業の中で、由美さんが、メモしたこと、及び考えたことを箇条書きのメモにしたのが次です。

> ・20年前や30年前などと比べた場合に、犯罪を犯す子供の数が増えているわけではない。→統計の扱い方にも問題がある。
> ・「少年院」などの施設に入った少年達の、「再犯率」も実は高くない。
> ・犯罪を犯した少年達は、犯罪の時、「どんな罰があるか」をあまり意識したことがない。(→厳罰化の効果を過大評価してはならない。)
> ・少年達が被害者達の苦しみをあまり知らないまま、処分されていることが多い。
> ・成人の裁判と違い、少年犯罪では、被害者と加害者とが互いの心情や事件の背景について、知り合う機会が少ない。

- 少年の犯罪についての報道が、必要以上に詳細で、いたずらに人々の不安をあおったり、被害者のプライバシーを侵したりしがちである。
- 日本の被害者に対する救済措置の制度の整備が、他の先進国に比べて遅れていること。

このメモをもとに、由美さんは最初に書いた仮説文を少し修正することにしました。

少年犯罪についての理解が、実態とずれていることが多いようだ。また、犯罪の被害に遭った人の人権が、いろいろな意味で守られていないことが多いように思われる。被害に対する保障もなければ、報道によるプライバシー侵害についての配慮もあまり十分ではない。少年であってもきちんとした裁きを受け、その結果や過程はきちんと被害者に知らされるべきだし、被害者の苦しみを知る機会も設けられるべきだ。

この主題文に沿って、レポートのタイトル、アウトラインを決めていくことにしました。ところが、ちょっと困ったことになりました。よくよく考えてみると、由美さんの考えた仮説文には2つのテーマに相当することが混じっているのです。1つは、「犯罪被害者の人権」、もう1つは「少年犯罪への対応」。今回、由美さんがより強く主張したいと思ったのは、「犯罪被害者の人権」の方でしたので、それをタイトルにし、思い切って「少年犯罪への対応」のみに関する事柄は削ることにしました。

タイトル　　　「少年犯罪の被害者の人権について」
アウトライン
　序論：少年犯罪の被害者やその家族の人権が様々な点で侵害されているのではないか。人権を守るにはどうすればよいか。
　　　　　　　　（報道の具体例や、新聞・テレビなどの論調を示しながら）
　本論：1．20年前や30年前などと比べた場合に、犯罪を犯す子供の数が増えているわけではないこと。（根拠：論文1、統計資料A）
　　　　2．報道の過熱などによって、少年犯罪のイメージが歪み、加害者の少年、被害者およびその家族のプライバシーが侵されていること。（根拠：論文2、3、統計資料B）
　　　　3．被害者に対する保障制度の整備が、先進諸国に比べ、遅れていること。（根拠：論文4、ホームページ　www.△◇◆☆）
　　　　4．少年達が被害者達の苦しみをあまり知らないまま、処分されていることが多く、また、被害者とその家族には、加害者側の事情や処分がきちんと知らされていないことが多いこと。（根拠：論文5）←更生のときの教育として、被害者の気持ちを伝えるべきだし、また、被害者とその家族に対する保障や心のケアが十分になされるべきである。
　結論：単純に加害者の厳罰化を進めるのでなく、被害者の人権を守り、その後の生活の支援をする制度や施設をもっと充実させるべきだ。

こうした**アウトライン**ができたら、実際に書いていきます。その際、執筆上の形式などに関する注意点を頭に置いておきましょう。

【レポートの形式を整えるための注意点】

0. **レポートを書き始める前に‥‥‥**
　書き始める前に、一般的な国語辞典を手元に準備しましょう。内容が良くても、誤字の多い文章は、読み手の印象を悪くします。十分に注意しましょう。

1. **表記・表現上の注意**
　①1文の字数は40字～50字程度とします。1行20字の原稿用紙なら、およそ2行を目安とし、3行を越えたら2文に分けられないか考えてみるといいでしょう。「ひとつの文で表現することは、ひとつのことだけ」を心掛け、簡潔でわかりやすい文を書くようにしましょう。

　②全体にメリハリをつけるために段落をつけましょう。基本的に改行は、内容が変わったところで行うようにします。ただし、同じ内容の文が多く続くことは避けるべきです。200字程度を目安に、改行を試みましょう。

　③話し言葉（**第1・2回参照**）を避け、書き言葉を使うようにします。文末は、できるだけ断定表現を用いるようにします。「思う」「思われる」といった表現は、遠回しで、柔らかい表現のため、責任逃れをしている印象を与えます。少なくとも結論部分では使わないように心がけましょう。**第1回**で取り上げられた「カジュアル」な言葉づかいを避けなければならないのはもちろん、それ以外にも、カタカナ言葉や、読む相手を混乱させるような言葉などを使うのはやめます。

　④文章記号については次に挙げる基本的なものを除き、できるだけ使わないようにしましょう。
　　　　　。　‥‥‥句点。
　　　　　、　‥‥‥読点。
　　　　　・　‥‥‥中黒（並列する単語を列記するときに使う）。
　　　　「　」‥‥‥引用符（会話や引用に使う）。
　　　　『　』‥‥‥引用符（書名に使う）。
　　　　〈　〉‥‥‥引用符（引用語を目立たせるために使う）。
　　　　（　）‥‥‥パーレン（ことわり書き、説明、注記などに使う）。

　⑤誤字・脱字などに気を付けます。ワープロ等を使う場合も含め、「同音異義語」の使い分けなどは、常に手元に国語辞典を置き、確認する習慣を身に付けましょう。また、類義語辞典を利用すると、表現に幅がでます。

⑥「これ」「それ」といった代名詞は使わず、具体的な言葉に言い換え、抽象的な文という印象を与えないようにしましょう。

⑦「そして」「また」「それから」「しかし」といった接続語を多用しないようにします。また、「～が」は、順接と逆接、どちらにも使える便利なものなので、ついつい使ってしまいがちです。論旨があいまいになることを避ける意味で、極力使わないようにしましょう。（第3回～第8回を参考に）

2. 図・表の書き方

レポートではしばしば、図や表が重要な役割を果たすことがあります。そうした場合は、本文を書き始める前に、図・表を準備します。図・表を前にして、本文で何を書くべきかを考えれば、自然とポイントは絞り込めるはずです。

図と表には必ず番号と、内容を的確に表す表題を付けます。できれば、それらに続けて説明を書きましょう。説明は、本文を読まなくても、その図や表の中身が理解できるように書く必要があります。原則として、図では図の下に、表では表の上に説明を書くようにします。

3. 引用文について

レポートでは自分の主張を裏付けるために参照したものがある場合は、それを引用します。引用に際しては、以下の点に注意してください。

①引用文は2字下げとする。

引用文は、本文とはっきり区別できるように、2マス下げて書き始めます。下は、原稿用紙いっぱいまで書きましょう。

②引用した文の、著者・書名（論文名）・発表年月・出版社（掲載誌）・頁といった書誌を明記します。

あくまでも他人の説を引いているという自覚を持つこと。まるで自説であるかのように他人の説を引用するのは、明らかな「盗作」行為であることを忘れないようにしてください。

明記の仕方は、引用文末に（　）書きで示すか、あるいは、注1・注2というように注番号を付して、章段やレポートの末尾にまとめて掲げます。読む人が、容易にもとの文献に辿り着けるよう配慮します。

③原則として、引用文は原文のまま記しましょう。

引用するときは原文通り書き写しましょう。仮名づかい・送り仮名などは原文通り、意味不明の箇所には、縦書きの場合は横に、横書きの場合は上に、「ママ」（原文のままの意）と記しておきましょう。

（例：体長3㎜のクジラ）
　　　　　　ママ

ただし、旧漢字だけは、当用漢字に改めましょう。

練習問題

1　次の例文は、「今必要なもの」という題で書かれた提出用レポートです。不適切な箇所を改め、原稿用紙に書き直しましょう。（原稿用紙を使用すること）

> 近ごろカメラの種類がいっぱいあって、どれが最高かとても迷ってしまうけど、ボクは、カメラは、デジタルが全然いい。なんでかとゆうと、デジタルは画質とかが超キレイだし、枚数なんかもすっごく記憶できるし、取った画面がすぐ見れるし、気に入らないのはその場で消せる。パソコンに接続して、映像をメールで贈ったり、葉書にそのまま打ち出すので、年賀状も楽々だし。しかし、友だちのAは、カメラマニアで、すっごくこだわりがあって、うるさいAは、あたかも話にならないって顔で、僕にケチを付ける。でも、やっぱ他の友達はみんな、デジタルの方がカッコイイみたいに言ってて、僕もそんな気がします。ちょっと高いから、ファミレスのバイトでお金を少しづつ貯めて、クリスマスまでにゲットできたらいいなあと、僕的には考えてます。

2　次のテーマ a b c から1つを選び、あなたが主張しようとするところの大筋を、200字以内で書きましょう。（原稿用紙を使用すること）

　　a　出生率の低下について
　　b　リサイクルについて
　　c　老人介護について

ヒント1　あなたは、論証のためにどのような資料を探そうと思いますか。そして、その資料はどうしたら手に入れられるでしょうか。入手方法を考え、実行してみましょう。

　1　資料の入手方法を列記してみましょう。

_____
_____
_____
_____

　2　探してきた資料の書名や論文名などを書きましょう。

_____
_____
_____
_____

3　2で書いた200字の内容に説明や論証を付けて1200字のレポートを書きましょう。（原稿用紙を使用すること）

技能編 第12回 **書き言葉の技能 発展**

論証とは

1. 論証とは

「なぜ」の問いかけに対して、「なぜならば……」というように「根拠」を示して答えるやりとりのことを、「論証」といいます。

> 「なぜカレーにしたの。」　　「それはね、昨日はそばを食べたからよ。」
> 「どうして「2－5」を買ったの。」　　「だって、〇〇さんが予想してたんだよ。」

わかりやすく図で示してみると、以下のようになります。

	A	根拠	昨日はそばを食べた
論証	↓	導き方	↓　（カレー屋とそば屋しかない）
	B	結論	カレーにした

Aという主張から別のBという主張が導かれるとき、Aを「根拠」、Bを「結論」、AからBへの過程を「導き方」と呼びます。そして、その全体が「論証」です。

2. 論証の適切さ

論証がうまくできているかどうかは、読み手を納得させられるかどうかに関わるので、文章を書くうえでとても重要なことです。それでは、具体的な例をみながら論証の適切さについて考えてみましょう。

> クジラの子どもは卵では生まれない。なぜなら、クジラは哺乳類だからだ。

「クジラの子どもは卵では生まれない」も、「クジラは哺乳類だ」も、いずれも客観的事実です。こうした、例は適切な論証と言えます。

次の文は論証が適切ではありません。なぜ適切でないのか、説明しましょう。

> 飲んだら車には乗るな。なぜなら、飲酒運転は事故を起こすからだ。

この論証が適切であるかどうかは、「飲酒運転は事故を起こす」という根拠が適切である

かどうかによります。ところが、こんな反論をする人がいるかもしれません。「僕は飲酒運転を3回したことがあるけれど、1度も事故を起こしてはいない。」すると、この論証は成り立たないことがわかります。論証が適切であるのは、以下のような場合です。

> 飲んだら車には乗るな。なぜなら、飲酒運転は事故を起こす可能性が高いからだ。

調査や実験によって、飲酒運転は事故を起こす可能性が高いことは証明されています。

このように、論証をするときには、自分で反論を考えてみるとよいでしょう。また、論証が適切であるかどうかを確かめるには、実際に調査する必要もあることに注意しましょう。

次の文の論証は適切でしょうか。

> この本はぜひ買って読みなさい。なぜなら、この本はアメリカで売れているから。

この論証の根拠は「この本はアメリカで売れている」ということです。この論証が適切であるかどうかは、同じ価値観を読み手が共有できるかどうかにかかっています。例えば、「日本はアメリカを見ならうべきだ」と考えている人にとっては、この論証は適切です。ただし、「アメリカ人に面白いからといって、日本人にも面白いとはかぎらない」という意見の人には、この論証は適切ではありません。論証には、その場で共有されている価値判断が大切になる場合もありますので、注意しましょう。

次の文は論証が適切ではありません。なぜ適切でないのか、説明しましょう。

> 彼は徹夜で働いている。だから、今朝は元気でいるに違いない。

この問題は、導き方の適切さに関するものです。一般的には、「徹夜で働けば疲れるもの」という考え方をみなさんはもっているはずです。その予想に反して、「今朝は元気でいるに違いない」と言われれば、おかしいと思いますね。このように、導き方の面から論証が適切であるかどうかを確かめるには、暗黙の前提が確実なものかどうかが問題になります。導き方が適切であるのは、以下のような場合です。

> 彼は徹夜で働いている。だから、今朝は疲れているに違いない。

次の文の論証は適切でしょうか。

> 今まで飼ったどの猫も「お手」をしなかった。猫は「お手」をしないものだろう。

この論証が適切であるかどうかは、サンプル（数・質）が適切で偏りがないかどうかによって確かめられます。例えばこの問題では、「今まで飼った猫」が何匹なのかがわかりません。2匹しか飼ったことがないのか、それとも30匹飼ったことがあるのかによって、説得力のうえで大きな違いが生じます。また、もしかしたら、教え方が悪かったのかもしれません。猫の生態の研究者によっても、猫に「お手」を教え込むことができなかったという例があれば、この論証は適切であると確認することができます。

以上のように、論証の適切さは、「根拠」が適切かどうか、「導き方」が適切かどうかという2点によって、確かめられます。

3. 論証のための問題意識の持ち方

- 当事者になること。自分の問題として考える。
  　　　　　　　　　　　　（←他人事（ひとごと）では問題意識は持てません。）
- 自分の意見を検証する姿勢を常に持つこと。
  　　　　　　　　　　　（←論証の質は相手をいかに説得するか、で決まります。）
- 既成の論の検証から始める。（←すべては「反論」から。）

| A → 反論 → 論証の向上 → よりよいA |
| A → 反論 → 論証の向上 → 別の結論B |

ここでの「反論」とは、「反対意見」や「結論の否定」ではなく、説得力の不十分さを指摘する意見のことです。

他人からの反論を聞き入れることは、論証の適切さの検証になります（→2）。自分自身でも、以下のような問を自分に向けてみましょう。

> あいまいさはないか。
> 具体性に欠けるところはないか。
> サンプルに偏りはないか。
> 暗黙の前提は適切か。

自分の論に対して反論を行えば、論証の説得力が増します。反論によって別の主張の方が適切であることがわかれば、潔く考えを改めることも大切です。

練習問題

1 次の文は論証が適切ではありません。なぜ適切でないのか、説明しましょう。

1. 犬は凶暴である。なぜなら、私は2回も噛みつかれたことがあるからだ。

2. 料理は男性のほうが上手である。なぜなら、プロの料理人は女性よりも男性のほうが多いからである。

3. 本当の国際人になりたい人は英語より中国語を学ぶべきである。なぜなら、世界で一番話されている言語は中国語だからである。

4. 結婚式は月曜日から金曜日のうちにすべきだ。なぜなら、祝日や土曜日、日曜日に結婚した場合よりも、離婚件数が少ないからだ。

5. 彼のゴミ当番に関する提案には反対だ。なぜなら、彼は金銭にだらしないからだ。

---

tea break　もっと勉強したい人へ

今回学習した論証の仕方について、もっと詳しく知りたい人には、野矢茂樹氏の『論理トレーニング』(産業図書) をお薦めします。論理的な思考法は練習によって身につくという考え方に基づいて、分かりやすい例題・解説と練習問題とを、この本はたくさん掲載しています。じっくり取り組めば議論のしかたの基本がしっかり身に付きます。

技能編　第13回　話し言葉の技能　基礎

敬語とは

話し言葉は人と人との直接的なコミュニケーションのための道具(ツール)です。「人と人」と一口に言っても、家族や仲のよい友達、彼・彼女、先輩・後輩、電車でたまたま隣に座った人……。さまざまな「人」がいるように、世の中にはさまざまな人間関係があります。そして私たち人間はその関係に応じてそれを保ち、あるいは発展させていくために言葉を選び、使い分けています。次の会話を見てみましょう。山田さんと話しているXさん・Yさんが、山田さんとどういう間柄の人か、だいたい見当がつくのではないでしょうか。

A

> 山田：あっ！　五千円札しかない！あー、でももう窓口開いてないよー。
> 　　　ちょっと、悪いんだけどさ、千円札に両替なんてできない？
> 　X：えー！　千円札5枚も持ってないよー。五千円使えるやつないの？
> 山田：ここ、ないみたい。使えないなあ、もう。どうしよう。
> 　Y：五百円玉が混じってもよければあるわよ、どうぞ。
> 山田：あ、ありがとうございます。恐れ入ります。いいですか？じゃあ五千円札を。
> 　　　助かりました。
> 　X：よかったね。

Xさんは一緒にいた友達、Yさんは少なくとも友達ではなく、その場で偶然居合わせて声を掛けてくれた親切な年上の人、といった解釈を誰もがしたのではないでしょうか。
もし一緒にいたXさんが先輩だとしたら、山田さんの会話はちょっと違ったものになるはずです。Xさんが山田さんの先輩だとすると、パターンAの山田さんの会話はどう変わるでしょうか。

B

> 山田：あっ！　五千円札しかない！　あー、でももう窓口開いてない……。
> 　　　<u>すみません</u>、申し訳ない<u>ん</u>です<u>けど</u>、五千円札の両替なんて、<u>できますか</u>？
> 　X：えー！　千円札五枚も持ってないよー。五千円使えるやつないの？
> 山田：ここ、ないみたい<u>なんです</u>。すみません、いい<u>です</u>。うーんどうしようかな。
> 　Y：五百円玉が混じってもよければあるわよ、どうぞ。
> 山田：あ、……ありがとうございます。恐れ入ります。

「ちょっと」を「すみません」に変えたり、語尾を「です・ます」に変えたりしますね。このような、先輩や初対面の人に使う「です・ます」口調も、敬語表現です。難しそうに見える「使い分け」も、実は日常生活の中でごく自然に実践していることなのです。次の3人の言葉づかいを見てみましょう。

C

> L：白井様がお見えになった。
> M：白井さんが来た。
> N：白井のヤローが来やがった。

L・M・Nさんが白井という人物をどう思っているのか、よくわかりますね。日本語では、話し手と聞き手、あるいは話し手と話題になっている人物との関係によって言葉の選び方が変わります。自分にとって大事な人かそうでないか、親しいかそうでないか、目上か目下か、といった相手に対する意識が、言葉の選び方によって表されます。大事な人、目上の人など敬うべき人物に誤った言葉選びをすれば、「大事に思っていない」「目上だと思っていない」という意思表示になりかねません。敬語の使い方が重要なのは、人間関係を円滑に進めるためなのです。

人間関係における〈親・疎／目上・目下（年齢・階級）／ウチ（身内）・ソト（部外者）〉が敬語を使う・使わない（あるいはどのレベルの敬語を選ぶか）の基準になります（下図参照）。Lさんから見て、白井という人物は〈疎・目上・ソト〉のいずれか（あるいは全部）に当たる人のはずです。

また人間関係に加え、場面〈フォーマル・インフォーマル（カジュアル）〉も重要な条件です。Nさんがいかに白井という人物が嫌い（あるいはどれほど親しい仲）でも、フォーマルな、例えば白井という人物の結婚式の席上、スピーチで「来やがった」とはいえません。（隣の人とこっそり話すときには「インフォーマル」であり、許されるでしょう。）

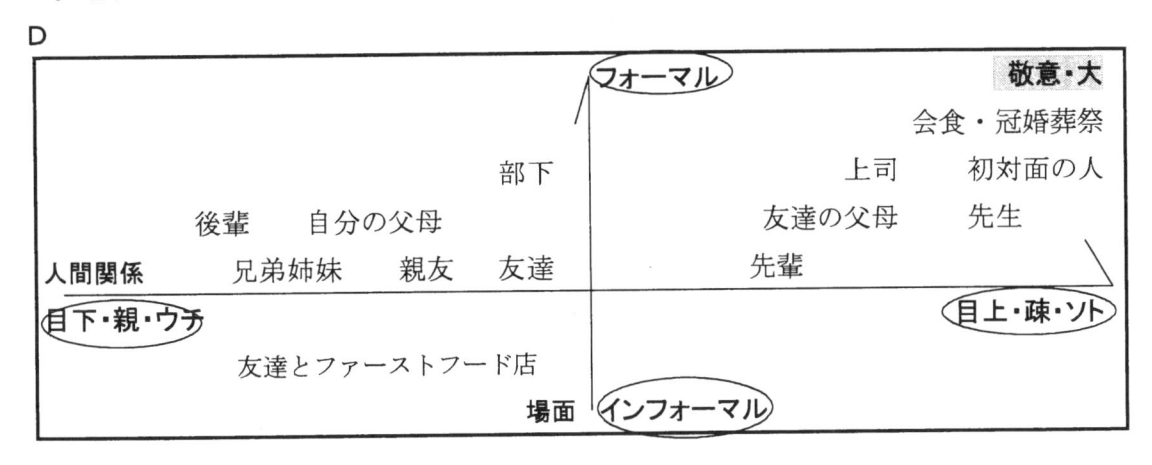

D

```
                                  フォーマル              敬意・大
                                              会食・冠婚葬祭
                          部下              上司    初対面の人
            後輩   自分の父母            友達の父母  先生
人間関係         兄弟姉妹  親友  友達      先輩
 目下・親・ウチ                                    目上・疎・ソト
                   友達とファーストフード店
                            場面  インフォーマル
```

敬語を使うべき人物・場面かどうかの判断、それ自体は、話し手に委ねられています。逆に言えば、自分が場合場合で相手に感じる〈親・疎／ウチ・ソト〉を意図的に表すこともできます。みなさんもこれを日常的にしています。

E

> 母親：こんなに遅いのに電話もしないで！　心配するじゃないの！
> 娘　：ご心配いただかなくて結構です！　友達に送ってもらいましたので。

日常生活の中で、自分がどのような言葉の使い分けをしているか、意識してみましょう。

練習問題

① 次の場面や話題にあげる人物が上の表Dでどの位置に入るか、書き込んでみましょう。
　(1)　恩師への手紙文　　　　　(2)　ケンカ中の親
　(3)　母校のOBで初対面の人　　(4)　バイト先の店長のことをお客様に向かって

技能編 第14回 **話し言葉の技能　基礎**

敬語の種類と使い分け

①「お」と「ご」

まず、最も基本的で身近な敬語表現からはじめましょう。名詞を丁寧かつ敬意を込めた表現に変える「お」と「ご」です。Aを見てみましょう。

A

> ア：名前と住所・電話番号をお願いします。
> イ：お名前とご住所・お電話番号をお願いします。

イの方が敬意・丁寧さが感じられます。相手の名前・住所・電話番号について話しているということがわかります。基本的に、敬意を表すべき人物の所有物やその人に関係するものにのみ、つけます。そのほかは「ごはん・お正月・お辞儀…」など「お・ご」がついた形で日常的に使うものを除いて、自分の所有物や外来語にはつけません。過剰にならないよう注意しましょう。次のパターンBはどうでしょうか。

B

> では申込書類のご記入をお願いいたします。まずお名前とご住所・お電話番号を……あ、おボールペンどうぞ。……お子さんがいらっしゃる？　おいくつですか？　ご高校にご入学？　そうですか。じゃあ去年はお正月もなしで。うちのお子さんもまだ小さいですが来年「お受験」なんです。……あと、こことここにご印鑑、お願いいたします。

「おボールペン」「（うちの）お子さん」「ご高校」が余分ですね。

また、次のCにあげるような言葉も、「お・ご」をつけて用いる敬語の例です。

C

その本なら先生がお持ちだ	お待ちのお客様
ご存じの通り	お察しの通り
ご承知のこと	ご理解が得られるよう
ご連絡が遅くなりたいへん恐縮ですが	ご自慢の逸品

②丁寧語・尊敬語・謙譲語

敬語の中には大きく分けて３つの種類があります。丁寧語・尊敬語・謙譲語です。いずれも、敬意を表すために使うものです。これら３つの敬語は、まず「誰に敬意を表すか」、そして次に「誰の行動について言いたいか」で使い分けます。

「誰に敬意を表すか」で丁寧語・尊敬語・謙譲語を使い分けます。聞き手に対する敬意を表すのが丁寧語、話題の人物に対する敬意を表すのが尊敬語・謙譲語です。

丁寧語は：「〜です・ます」＋「お・ご〜」で表します。

D

> お正月はいつも田舎へ帰ります。祖母がたくさんお料理を作って迎えてくれるんです。

「お正月」「お料理」、文末の「です・ます」が丁寧語です。話題の「お正月に帰省する自分」や「料理を作って迎えてくれる祖母」には敬意を表す必要がなく丁寧語だけで十分ですね。

第二に「誰の行動について言いたいか」で尊敬語と謙譲語を使い分けます。パターンEのように、「敬意を表したい人物が〜する」という文で言いたいとき尊敬語（「お・ご〜になります」）を使い、「自分が〜（し、敬意を表したい人物がその行動の受け手になる）」とき、謙譲語（「お・ご〜します」）を用います。

E

> 部長はいつも自らお鞄（かばん）をお持ちになります。　　（部長が　持つ：尊敬語）
> しかし今日は私が部長のお鞄をお持ちしました。　　（私が　持つ：謙譲語）

こういう使い分けがあるおかげで、便利なこともあります。「社長、そうおっしゃいましても製品ですからさしあげられません。」といった場合、誰が「言う」のか、誰が「あげる」のかいちいち言っていませんが、尊敬語と謙譲語を使い分けていることで、「社長（敬うべき相手）が言っても、私があげることはできない」ということがわかりますね。

基本の型と、定形表現を覚えた上で丁寧語・謙譲語・尊敬語を適切に使い分けましょう。

F

> 尊敬語：「お・ご〜になります」「〜（ら）れます」＋お・ご〜
>   いらっしゃいます（いる・行く・来る）／ご覧になります（見る）
>   おっしゃいます（言う）／召し上がります（食べる）／……
> 謙譲語：「お・ご〜します」「お・ご〜申し上げます」「お・ご〜いたします」
>   まいります（行く・来る）／うかがいます（訪ねる・聞く）／拝見します（見る）
>   申します・申し上げます（言う）／いただきます（もらう・食べる）……

━━━━━━━━━━━━━━━━━━━━━━━━━━━━━━━━━━━

練習問題

① 以下の語に「お」「ご」をつけてみましょう。つかないものには×をつけましょう。基本的には［お＋和語］［ご＋漢語］ですが、例外も多いので単語ごとに覚える必要があります。

家族	花	バラ	友達	親戚
電話	出産	礼	教え	返事
はなし	両親	本	ケーキ	土産（みやげ）

② 次の表を完成させましょう。

基本型	尊敬語 お・ご〜になります	謙譲語 お・ご〜します／お・ご〜いたします お・ご〜申し上げます
いる	（　　・　　）	（　　　　　）
来る・行く	いらっしゃいます （　　・　　）	（　　・　　） 参上します
する	（　　・　　）	（　　　　　）
いう	（　　　　　） 仰せになります	申し上げます 申します
みる	ご覧になります	拝見します
聞く	（　　　　　）	（　　　　　） 拝聴します
くれる（与える）	くださいます	（　　　　　）
もらう	お受けになります	いただきます・賜ります
着る	お召しになります	
知る・思う	（　　・　　）	存じ上げます・存じます

③ 尊敬語を使うべきか謙譲語を使うべきか考えて、下線部を適切な敬語表現に直してみましょう。

1. 25番のカードを持った お客様、2番の窓口まで来てください。

2. お客様、失礼ですがお名前は何と言いますか。

3. 恐れ入りますが、食べた後のトレーはこちらにお返しください。

4. ここでグループごとにみなさまの写真を撮ります。

5. 父が戻って来ましたら 伝えます。

6. その件でしたら、あちらの受付で聞いてください。

7. 申しわけありません、知りません。

8. 迷惑かけるけど、体調が悪いんで、休む。

9. 用紙はあとで 渡します。

10. （街で初対面の高齢者に）荷物持つよ。

---

tea breake　いかがだったでしょうか

テレビでもラジオでも、番組やイベントの最後に、司会者が締めくくりの一言でこう言うのが、最近、よく聞かれます。「いかがだった」という部分がどうもなじみにくくはありませんか？ 「どうだったか。」を丁寧に言おうとすれば、
　（「どう」→「いかが」）＋（「だったか」→「でしたか」）＝「いかがでしたか」。
これで十分だと思います。しかし、最後の「たか」が強く感じられるのでしょうか、和らげようとすれば「いかがでしたでしょうか」ですね。「でした」「でしょうか」と「です」が２つ重なってしまうために、「いかがだったでしょうか」になった、と分析することはできます。でも、「どうだった？」を「いかがだった？」とは絶対いわないですよね。視聴者の反応を過剰に気にした放送関係者の苦慮でしょうが、なんだかそれが透けて見える気がしておかしいのです。いかがでしょうか？

技能編 第15回 話し言葉の技能 基礎

注意すべき敬語表現

次の会話は、敬語の使い方がどうもおかしいようです。

> A （母の友人と、街で偶然出会って）
> 　母の友人　：お母さん、お元気ですか？
> 　真理　　　：はい、お母さん、おかげさまでお元気です。
> B　客　　　　：店長の今井さん、今、お見えになりますか。
> 　アルバイト：あ、店長さんは……、今ちょっと休憩で、いらっしゃいません。

これらはすべて、身内に尊敬語を使ってしまった誤りです。Aのように、真理さんが、自分の母親に対して「お元気です」と言っているのは、おかしいですね。それと同様に、自分のアルバイト先の店長の動作に尊敬語を使うのも誤りです。「身内」というのは、家族だけではありません。自分がメンバーとして所属する、店や会社などの組織の内部の人物も、「身内」です。内部で立場が上であるとか、実際尊敬しているといったことは「部外者」の前では関係なく、自分と同等の身内として扱います。従って、外の人に向かって「身内が〜する」と言う場合には、「自分が〜する」と言うときと同様に謙譲語が使われます。A・BはA'・B'のように言うと適切です。

> A' （母の友人と、街で偶然出会って）
> 　母の友人　：お母さん、お元気ですか？
> 　私　　　　：はい、母は、おかげさまで元気で過ごしております。
> 　　　　　　　　　　　／変わりなく過ごしております。
> B' 客　　　　：店長の今井さん、今、お見えになりますか。
> 　アルバイト：申しわけありません、店長の今井は、ただいま休憩をいただいて、
> 　　　　　　　席を外しております／店内におりません。

A・Bは、謙譲語を使うべきところに尊敬語を使ってしまった誤りといえます。

もう1つ誤りやすいのが「お」「ご」をつけて「お・ご〜」の形になるタイプの言葉です。

> C 今日は特別に、南山動物園・山田園長がみなさんの質問にお答えしてくれます。
> D ご出席の方は9月21日までに申込用紙をご記入の上ご返送してください。

C・Dでは、「お答え」「ご返送」と言って、相手の動作を高めた気分になってしまったようです。しかし、よく見ると下線部は「お・ご〜します」の形になっていますね。これは謙譲語の定型で、行動の受け手である自分たちを高めるような表現になっています。「答える人」「返送する人」を高めたい、つまり尊敬語を使うべき場面ですから、C'・D'のように決まり通りに尊敬表現を使えば間違いありません。尊敬語を使うべきところ、謙譲語

を使うべきところを的確に判断して、取り違えないように注意しましょう。

> C'　今日は特別に、南山動物園・山田園長がみなさんの質問にお答えくださいます。
> 　　　　　　　　　　　　　　　　　　　　　／答えてくださいます。
> D'　ご出席の方は9月21日までに申込用紙をご記入の上ご返送ください。

他にも、いくつか注意すべき敬語表現があります。

1．～させていただく

> E　まずは資料を見させていただいて検討させていただいてから契約させていただきます。
> F　（ノック：コンコン）失礼させていただきます。

自分の動作を、それこそへりくだって言うためには便利な言い方ですが、頻発するのはスマートではありません。基本型の謙譲語を使うか、本当に「させてもらう」時だけ使うよう心がけましょう。E・Fは、一般的な謙譲語でE'・F'のように言い換えると自然です。

> E'　まずは資料を拝見して検討の後、契約いたします。
> F'　（ノック：コンコン）失礼します。

2．～おります・参ります

「おります」「参ります」は、「娘が3人おります。」「おかげさまで家族一同元気で暮らしております。」「ただいま参ります。」「行って参ります。」のように、本来は謙譲語で用いられます。しかし、近年次のG・H・I・Jのように誤った使い方がよく聞かれます。

> G　レガッタという競技に打ち込む中学生がおります。取材しました。
> H　富士山が噴火しております！
> I　皆様から多数の応援FAXが参りました。
> J　森選手は明日のメドレーリレーにも出場して参ります。期待しましょう。

「自分／身内が～する」のではないのですから、謙譲語を用いる必要はありませんね。

> G'　レガッタという競技に打ち込む中学生がいます。取材しました。
> H'　有珠山が噴火しています！
> I'　皆様から多数の応援FAXが来ました／（皆様から）いただきました。
> J'　源選手は明日のメドレーリレーにも出場します。期待しましょう。

加えて、「おります」に関しては、「られる」をつけた「おられます」という表現を尊敬語で使う誤用例も聞かれます。

| K | 店長さん、おられますか？ |
| L | 高橋先生は源氏物語を研究しておられます。 |

「られる」をつけても、「おります」は謙譲語です。尊敬語として使うのは問題があるでしょう。また、K・Lは、敬語を二重に重ねている意味でも悪い例です。敬語を二重三重に使うのは基本的に好まれません。

| M | 店長さん、お見えになられますか？ | （お見えになる＋られる） |
| N | 高橋先生は源氏物語をご研究になられます。 | （ご研究になる＋られる） |

Mは「お見えになりますか」、Nは「ご研究になります」「研究なさいます」で十分ですね。

3. あげます

O	カーネーションを母にあげたいのです。
P	うちのラッシーには毎日生タイプの缶詰をあげています。
Q	こんなにがんばった自分をほめてあげたい気分だ。
R	先生、昨日傘をお忘れでしたので、預かっておいてあげました。

O・P・Q・Rのような表現は、実はいずれも誤用です。「あげます」は、本来「やります」の一段敬意の高い言葉で、自分や、身内、ペットに対しては使えません。現代では敬語という認識が薄れ、O・Pのように親愛表現として使われていますが、抵抗感を持つ人も多いようです。また一方、Rのように敬意を表すべき相手にも安易に使われがちで、これも問題があります。このような場合、「あげます」の謙譲語「さしあげます」が使えるとスマートです。「やります」「あげます」「さしあげます」が適切に使い分けられるといいですね。

O'	カーネーションを母にやりたい／贈りたいのです。
P'	うちのラッシーには毎日生タイプの缶詰をやっています。
Q'	こんなにがんばった自分をほめたい気分だ。
R'	先生、昨日傘をお忘れでしたので、預かってさしあげました。
	お預かりしておきました。

4. ～できます・複合動詞

「申し込みできます」「申し込めます」を尊敬語に直すと……。意外と難しいですね。「お・ご～になれます」を使って「**お申し込みになれます**」が正しいとされます。「～できま

す」をはじめ、複合動詞を敬語表現に直すのは難しいのですが、基本的には前の動詞を基本通りに敬語にして、後ろの動詞をそのまま付ければほぼ間違いありません。

S

してみてください。	→	<u>なさって</u> みてください。（お試しになってください。）
食べにくい場合は……。	→	<u>お召し上がりになり</u> にくい場合は……。
求めやすい商品です。	→	<u>お求めになり</u> やすい商品です。

練習問題

1　（　）の中から適切な表現を選んで○をつけましょう。

1. お客様のご意見は、店長が（聞いてくださいます・おうかがいします）。

2. 早速電話で父に（申し上げます・報告いたします）。

3. 今日は、田舎から、私の（おじいさん・祖父）が（いらっしゃる・出て参ります）ので、早めに帰ります。

4. 本日、当病院の院長は出張に（お出かけのため・出ておりまして）休診です。

2　下線部の動詞に注意して**全文**を敬語表現に直しましょう。

1. あとでお電話、かけて<u>あげます</u>。

2. 清掃中ですので<u>使用できません</u>。

3. 私の方で原案を<u>示します</u>ので、先生に<u>見てもらいたい</u>のですが。

4. （訪日中の某国大統領に）日本の文化を十分に<u>楽しめる</u>よう<u>祈ります</u>。

5. （A先生に）先生、このまえ私が先生に聞いた本、B先生から借りられた。
　　快く貸してくれたよ。

6. （乗客に）切符を持っていない人は車掌まで申し出てください。

7. （回転寿司で）食べたい寿司が回っていなかったら何でも注文してください。

8. （お客に）忘れ物があります。5階紳士服売場まで戻ってください。

9. 18歳未満の方は入場できません。

10. 申込用紙の文字が小さくて読みづらい方は眼鏡（めがね）を貸しますので言ってください。

③　敬語が不適切な部分に下線を引いて、正しく直しましょう。

　例　お客様、まずお名前から申してください。
　　　　　　　おっしゃってください。／お教えください。／お話しください。

1. これから母の見舞いにうかがうところです。

2．資料につきましては、のちほど、うちの酒井課長から直接いただいてください。

3．本日はご拝聴してくださいまして、まことにありがとうございました。

4．「シンチョウのシンの字です。」「……と申しますのはどのシンチョウですか。」

5．原稿は読ませていただきました。次の点を修正させていただいた上で、

　　掲載させていただきます。

6．視聴者のみなさんから番組へたくさんのご意見ＦＡＸが参りました。

7．お客様のお使いやすいおすすめ商品です。

8．（バイトの店員が客に）店長がお答えなさいますのでお待ちしてください。

9．お子さまはお手をつないでお連れしてください。

10．私の手紙、お手元に届いていらっしゃいますか。

技能編　第16回　話し言葉の技能　応用

相手を考えて話す

話し言葉の基礎として敬語の仕組みを覚えたら、今度はこれを技能として実践してみましょう。言葉を使う、特に話し言葉を上手に扱うためには相手・場面・関係に応じた言葉選びの判断を瞬時に行う必要があります。これは難しいことではないのです。例えばみなさんはどこへ行くか、誰と会うかで服装を考えますね。就職活動で企業を訪問するのに、いくら格好良くても、最新流行の雑誌から抜け出たモデルのような出で立ちで行く人はいないでしょうし、正式に招かれた結婚披露宴によれよれのＴシャツにジーンズで行く人もまずいないでしょう。そのようなごく自然の配慮や判断力を言葉をあやつる上でも使ってみよう、ということです。ではパターンＡを見てみましょう。

A

```
川端母：はい、川端です。
宮内　：もしもし、あのー、大学で一緒の宮内といいますが、美香子さんいらっしゃいますか？
川端母：あ……、すみません、美香子はアルバイトでまだ帰っておりませんが。
宮内　：あ、そうですか、じゃあ、あの、今度、ゼミのコンパがあって、私、1年生の分の出欠取ってるんですけど、うーんと、美香子さん出席しますか、ってそれだけお伝えください。じゃあ、よろしくお願いします。失礼します。
川端母：ちょっと待ってください、もう1度、コンパですか？　出欠を、そちらに連絡すればいいんですか？　そういえば美香子わかります？
```

パターンＡでは「情報量」とその「与え方」という面で相手を考えず、失敗しているといえます。メモを用意する時間への配慮や、相手が当事者でなければそれに応じて情報を提供する必要があります。（コンパの日時、場所、会費、自分の連絡先……あとで連絡がほしいのか要らないのか……）情報量の判断と提示の順番も重要です。

B

```
川端母：はい、川端です。
宮内　：もしもし、あのー、大学で一緒の宮内といいますが、美香子さんいらっしゃいますか？
川端母：あ……、すみません、美香子はアルバイトでまだ帰っておりませんが。
宮内　：あ、そうですか、①では伝言をお願いできますか？②ゼミのコンパの連絡です。えーと。③7月3日、6時から、④栄の「ふらんすや」というお店です。私が1年生の分の出欠を取っているので⑤まずは私に出欠の連絡だけください、とお伝えください。場所など詳しくはまた直接会ったときに。はい、で、⑥私の電話番号も一応お伝えしておきます。えー、０５２－×××－△△△△です。⑦はい、×××－△△△△。すみませんが、よろしくお願いします。失礼します。
```

伝えたい事柄を予(あらかじ)めメモとして手元に用意して、重要な順から提示すると、スムーズに、過不足なく伝えることができます。パターンBでは①伝言を頼むという前置き、②伝言の件名、③日時、④場所、⑤相手に頼みたいこと、と順を追って言っています。さらに、慎重さを期して⑥自分の電話番号を伝え、⑦復唱して確認を取っています。このような配慮ができるといいですね。

ではここからはアルバイトの応募でケーススタディしてみましょう。

C

> 店員：ありがとうございます。キングドーナツM大前店です。
> 学生：あ、すいませーん、『アルバイトA』見たんですけど。
> 店員：えっ？ああ、アルバイトに応募されたいんですね？今回は週3日以上できる方に限らせてもらってるんですが、大丈夫ですか。
> 学生：えっ、そうなんですかあ。まあ、大丈夫だと思いますけど。
> 店員：記事に書いてあったと思うんですが……条件をよくご覧になってくださいね。でないと面接しても無駄になってしまいますから。
> 学生：やる気はあるんで、面接してください。
> 店員：……こちらでは23日か24日の午後1時に来ていただきたいんですが、来られますか。
> 学生：結構忙しいんですけど、その日しかダメですか？
> 店員：ダメです！！記事に書いてあったと思いますよ。残念ですが、都合が合わないようですね。ほかのお店に応募なさってください。失礼します。

自分の名前も名乗らず、条件も十分把握していないようでは、応募する資格ナシ、と判断されても無理ありません。どこへ電話をかける場合にも、まず始めに①自分の名前を名乗ることは最低限の礼儀です。また、②先方の条件を（応相談か必須かを含め）整理・把握し、質問事項があればそれもメモした上で電話する必要があります。また電話では音声しかやりとりできません。そのことを十分に意識して、③繰り返す、④聞き誤りやすい言葉は言い換えたり（7：しち→なな／午後1時→13時）補助的に説明したりする（D、ABCDのデー）といった工夫が必要です。さらに聞く側の場合、⑤相手の言葉を復唱する、⑥不安事項は再確認する、ということも心がけましょう。

D

> 店員：ありがとうございます。キングドーナツM大前店です。
> 上田：お忙しいところ恐れ入ります。私、M大学の学生で上田真希と申します。今週の『アルバイトA』でそちらのアルバイトの募集を見てお電話しました。
> 店員：はい、今募集しております。今回は週3日以上できる方に限らせてもらってるんですが、大丈夫ですか。
> 上田：はい、大丈夫です。
> 店員：では面接ですが、こちらでは23日か24日の午後1時に来ていただきたいんですが、来られますか。
> 上田：はい、どちらでも大丈夫です。
> 店員：では23日の1時に来てください。履歴書を持って。店のビルの3階に事務

　　　　　　所がありますからそちらに直接行ってください。
上田：はい、23日の13時、履歴書を持ってお店のビルの3階の事務所ですね。
店員：そうです。えー、お名前をもう1度……、上田さんでしたか？
上田：はい、上田です。よろしくお願いします。

練習問題

1　次ページの募集記事を元に、アルバイトの面接を電話で申し込んでみましょう。電話をする前に、聞きたいこと、確認事項についてメモを作ってから、ロールプレイをしてみましょう。

```
申込先：


電話：


担当者：　　　　　　　　さん


確認すること：
```

話題のお店でアルバイトしてみませんか？　今秋、新店舗オープン!!!につき募集です

【職種】①カフェスタッフ：ホール　　　　　　　【給与】①〜 16:00 時給 750 円/16:00 〜　時給 800 円
　　　　②フラワースタッフ：配達（要普免）　　　　　　　ランチ・モーニング時は別途手当有り
　　　　　　　　　　　　　　　　　　　　　　　　　　　②時給 850 円

【年齢】18 才以上（高校生不可）

【面接日】応相談　お電話の上履歴書ご持参ください。

　　お花とカフェ・HanaGARDEN　　電話：(０５２)１１１－２２××（新店舗：植田店）

　　　　　　　　　　　　　担当：カフェ：小山内（おさない）　フラワー：川野（かわの）

正・准 看護婦（士）さん募集！　PT・OT同時募集

【職種】①正・准看護婦（士）　②ＰＴ（理学療法士）・ＯＴ（作業療法士）　③医療事務

【給与】①・②とも年齢・経験等考慮の上当院規定により優遇

【資格】①看護婦免許をお持ちの方　②有資格者の方（資格取得見込みの方ご相談ください）③初心者歓迎

【待遇】昇給年１回、賞与年２回、交通費規定により支給、各社保完備、退職金制度有り

【勤務時間】①②日勤 9:00 〜 18:00　夜勤 16:30 〜翌 10:00（２交替制）③ 9:00 〜 18:00

【休日休暇】完全週休２日制、祝日（※交替制）、夏季・年末年始・有給・慶弔

【応募】随時受付　電話連絡の上、履歴書（写真貼付）をご持参ください

寮あり・保育手当あり・週40時間勤務体制・マイカー通勤可

　　医療法人福緑会　福緑病院　　　電話：(０５２)９９９－１１××　担当：伊藤

アルバイト・パート　時間帯いろいろだから学生・主婦の方にピッタリ

【職種】コンビニエンスストア店員

【時間】① 9:00 〜 17:00 ② 17:00 〜 22:00 ③ 22:00 〜翌 6:00

【給与】①②時給 700 円③時給 950 円（能力に応じ昇給有り）

★夕勤・夜勤できる方歓迎！

★週２・３日でもＯＫ！

★随時募集・お気軽にお問い合わせください★

　　あなたの町のサークルＭ　Ｎ大前店　電話：(０５２)１２３－４５××　店長：今川

---

② 9月20日（月）13：00、研究室にいると、高田書店の早川店長からあなたの指導教官である林先生に電話がありました。林先生は昼食を食べにいって不在です。その旨を伝えると、以下の内容を伝言してほしいと頼まれました。要領よくメモにしてみましょう。

いつもお世話になります。高田書店と申します。9月3日ご注文分の、新版『日本国語大辞典』第1巻ほか15点がそろって入荷致しましたので、お届けしたいと思います。いつも水曜日の午前中は学校においでだと思いますが、早速あさって22日水曜日にお届けしたいのですがご都合はよろしいでしょうか。万が一ご都合が悪い場合ご面倒ですがお電話いただけませんでしょうか。あさってでよろしければご連絡の必要はありません。どうぞよろしくお願いいたします。

```
telephone   MEMO
                          午前
_____  月    日   午後    時    分

_____ 様より電話がありました。




```

③ ワールド旅行の金子さんが山川太一さんに電話しましたが、不在で弟の雄二さんが応対しました。金子さんは太一さんへの伝言を正確に頼みたい、弟の雄二さんは、太一さんに要領よく伝えたい状況です。次のメモを元に、金子さんと雄二さんそれぞれの立場になってロールプレイしてみましょう。

旅行会社：金子の伝えたいこと

- 10月9日出発：「ローマ・ナポリ・ミラノの旅7泊8日」の山川太一ほか3名の航空券、キャンセル待ち分の予約が取れた。代金はひとり18万円ちょうど。1週間以内に代金を振り込んでほしい。
  （振込先：みどり銀行　名古屋駅前支店　普通　1123456）
- ホテル予約状況：ミラノ・ナポリは希望通りで予約済み。ローマだけ、キャンセル待ちになる。同クラスでローマ・スターホテルならとれる。ギリギリまで待つか、ローマ・スターホテルに変更して予約するか、検討してほしい。ローマ・スターホテルも押さえていられるのはあさっての朝まで。明日中に返事がほしい。
- 会社電話：052－444－56△△（夜9時まで／9時以降はfaxに切り替わる）

弟：雄二の把握している事情

- 今、兄：太一は不在、今週は忙しく残業で遅くなると聞いている。明日も遅い。
- 旅行会社の振込先や電話番号を兄が知っているかどうか、不明である。
- 兄の携帯電話番号：090－7777－88××　（教えてもいいと思う。）

金子　手元聞き取りメモ

Memo

弟：雄二　手元聞き取りメモ

Memo

④ 村井陽子さんに同窓会の連絡が FAX で回ってきました。連絡をしようと、友達の村田さやかさんに電話するとお母さんが出て、さやかさんは不在でした。伝言をしてみましょう。

村井陽子様　　　　　三田育子です。同窓会のお知らせが来ました。

　　　　　　栄和高校16回生同窓会『プレ・成人式』のお知らせ
この秋、いかがお過ごしでしょうか。早いもので高校を卒業して1年と少し、まことにご無沙汰しております。この度、ハタチも目前となりまして今田・小林をはじめとする多くの同期生によって、16回生同窓会、その名も『プレ・成人式』を開催する運びとなりました。なにぶん大規模となりますので、今回このハガキを受け取られた方に出欠確認を分担していただきたく、みなさんに先だってご連絡さしあげている次第です。ご面倒ですが、下記のクラスメイトにご連絡いただけませんでしょうか。出欠確認がとれましたら、出席者のお名前を返信ハガキにてお知らせいただければ幸いです。
当日はお世話になった先生方も多く参加なさいます。ご協力のほど、よろしくお願いいたあします。
　　　　　　　　　　　　記
　　日時：平成〇〇年9月△日（土）秋分の日
　　　　　18：30　開場　　　　19：00　開宴
　　会場：ブルー・スクエア（名古屋市東区泉）　　　０５２－３３２－１１△△
　　会費：6000円

　三田育子さんへ：村井陽子さん・村田さやかさん・森山裕子さん・山田みのりさん
　　の出欠をとりまとめて、幹事：A組今田真（０９０－１１１１－２２２２）まで
　　お知らせください。よろしく！！

ということです。出欠を、「ハガキをもらった担当者」三田までお知らせください。
陽子ちゃん、次の村田さやかさん、仲いいよね。悪いけど連絡まわしてもらえる？
（後は大丈夫です。）で、三田に出欠をお知らせください、と伝えてもらえますか？
お願いします。じゃあね！！

準備メモ

技能編 第17回 **総合応用**

実習を申し込む

ここからは総合的な応用のためにいくつかの課題を実行してみましょう。目的ある一連の流れの中で、先の電話とメモの技能はもちろん、面識のない相手への手紙や直接の対話を含めた言葉の運用能力を付けていきます。

教育実習（母校へ）

教育実習では、母校へ実習を依頼することが多いでしょう。このケースを取り上げて、実習の依頼から実習後のお礼状までをケーススタディしてみましょう。

1. 手紙（元担任へ）
2. 電話
3. 説明会
4. 御礼の手紙

1. 元担任への手紙

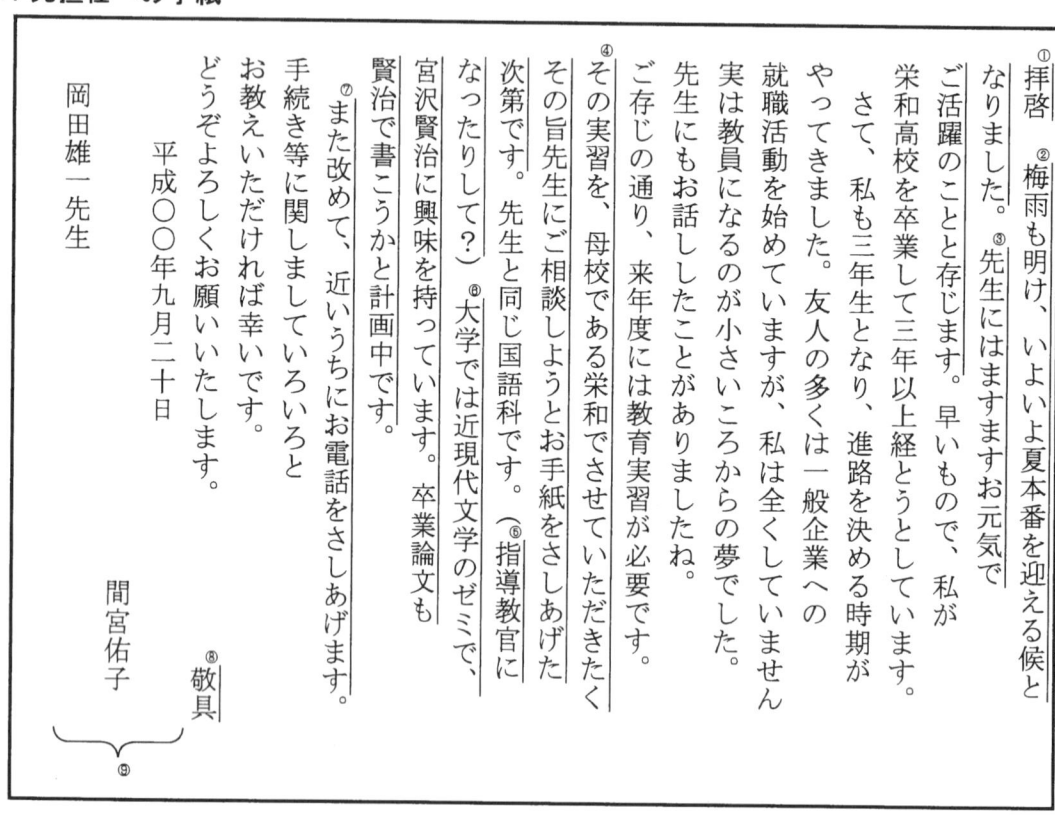

①拝啓 ②梅雨も明け、いよいよ夏本番を迎える候となりました。③先生にはますますお元気でご活躍のことと存じます。早いもので、私が栄和高校を卒業して三年以上経とうとしています。
さて、私も三年生となり、進路を決める時期がやってきました。友人の多くは一般企業への就職活動を始めていますが、私は全くしていません。実は教員になるのが小さいころからの夢でした。先生にもお話ししたことがありましたね。
ご存じの通り、来年度には教育実習が必要です。④その実習を、母校である栄和でさせていただきたくその旨先生にご相談しようとお手紙をさしあげた次第です。⑤先生と同じ国語科です。（⑥指導教官になったりして？）⑧大学では近現代文学のゼミで、宮沢賢治に興味を持っています。卒業論文も賢治で書こうかと計画中です。
⑦また改めて、近いうちにお電話をさしあげます。手続き等に関しましていろいろとお教えいただければ幸いです。どうぞよろしくお願いいたします。

平成〇〇年九月二十日

岡田雄一先生

間宮佑子　⑧敬具
⑨

実習への第一歩はまず実習の受け入れをお願いすることです。母校に依頼する場合には、担任の先生を通して手続きなどについて情報を得るのがよいでしょう。電話で直接聞く前に、手紙を出しておきます。

上の例は、元担任の先生に出すのに、ちょっと堅苦しいと思うかもしれませんね。しかし、「手紙」は面と向かって話すよりも、敬語を使うことが多くなる場面です。そのつもりで

言葉づかいの切り替えをしましょう。気やすい間柄でも、実習をお願いするための手紙、ということを考慮に入れれば自然と敬意を表したくなるはずです。以下、注意点を見ておきます。

▽先生への改まった手紙ですから、縦書きが適切でしょう。
　基本的に手紙には、形式上の決まりがあります。
　①拝啓－⑧敬具：①は頭語、⑧は結語といって、本文の始めと終わりを示すものです。頭語と結語は普通、ペアが決まっています。拝啓－敬具は、もっとも一般的なペアです。
　②季節にあった「時候の挨拶（あいさつ）」をしましょう。
　③相手の状況をたずねます（安否の確認）。
　　②③は、決まり文句になりすぎない方が心がこもった手紙に感じられます。

▽さて、本文中では、
　④用件をはっきりと伝えます。
　⑤なれなれしくならないこと。⑤のような言葉はくだけすぎていて、手紙文としてふさわしくありません。またお願いの文面としても不適切です。削除しましょう。
　⑥専門分野への取り組みについては、教育実習の内容にも関わる可能性があります。近況報告にもなりますから、触れておくとよいでしょう。
　⑦近々電話で相談するということを明記しましょう。

▽本文末から手紙の末尾はふたたび形の上での決まりごとに注意しましょう。
　⑧結語
　⑨日付、署名、宛名の順序、位置（高さ）に注意。

さて、⑦はなぜわざわざ書く必要があるのでしょうか。教育実習のように自分の側の都合で依頼をする場合や、就職活動を含め初対面の相手に対しては、手紙と電話の両方でアプローチするのが最も丁寧な方法です。

▽早さが重視されるもの（お詫（わ）び・連絡など）は
　→電話をして、のちに手紙を出す。

▽確実さや相手の都合を尊重したい場合（依頼・問い合わせなど）は、
　→手紙を出しておいて電話で確認する。

手紙だけ、電話だけでも用事は済みますが、簡単な分、丁寧さは低くなるということを知っておきましょう。

2. 電話

手紙が届いたころを見計らって、電話で詳しい話を聞いてみましょう。ただし、かけるタイミングには気をつけましょう。例えば、学校の場合、朝の授業前や昼休みでも先生と話が出来ない場合もあるでしょう。「今、朝のＨＲの時間でホームクラスへ行かれています。」「ああ、今はお昼休みなんですが……顧問の委員会の会議に出られていますね。」といった返答で、１度では用事が済まないということも、はじめから想定しておきましょう。そのつもりで、最初に応対した事務の方や先生に、取り次いでほしい先生の空き時間を聞いておきましょう。

間宮：私、そちらの卒業生で間宮佑子と申します。お忙しいところすみません。岡田雄一先生にお世話になった者ですが、岡田先生と、今お話しできますでしょうか。

事務：少々お待ちください。（呼び出す）岡田先生は今授業中ですが。

間宮：そうですか、実は教育実習の件でご相談したいと思いまして。またこちらからかけ直しますので、恐れ入りますが岡田先生の空き時間をお教えいただけますか？

事務：はい、えー、少々お待ちください。（……）お待たせしました。岡田先生、今日だと午後は授業じゃありませんね。お昼休み以降の時間でしたらおつなぎできると思いますよ。

間宮：ありがとうございます。わかりました。ではまた午後にお電話いたします。お手数をおかけしました。失礼します。

数時間後、

間宮：先生、お久しぶりです。16回生の間宮です。ええ、Ｍ大で、……もう３年です。ところで、先日、お手紙さしあげた件なんですが、教育実習、はい、是非栄和でやらせていただきたいんです。

岡田：ああ、そうか。卒業生はまず受け入れるはずだよ。で、受け入れが決まってからだけれど、10月中に説明会があるはずだ。今、担当の先生に聞いてみるな。担当、相沢先生だから。間宮さんも習っただろう？（……）10月25日だそうだ。うんうん。だからその前に、「実習申込書」を提出して、学校から受け入れ許可の返事が行ったら25日の説明会に。うん、来ればいいから。間違いないように参加しなさいね。

間宮：はい、ありがとうございます。ではその「申込書」ですけど、栄和に取りにうかがえばよろしいですか？

岡田：ああ、うーん、取りに来てもいいし、相沢先生に送ってもらえるとも思うよ。

間宮：あ、では取りにうかがいます。えー、早速明日でもよろしいですか？

岡田：うん、明日なら、私は……午前中なら11時まで職員室にいるから10時頃来てもらえるといいが。相沢先生にお話しして、１部もらっておこう。

間宮：はい、わかりました。では10時にうかがいます。よろしくお願いいたします。

間宮さんは翌日、申込用紙を取りに行って、提出しました。無事、受け入れが決定して通知が来ると、次は説明会です。

3. 説明会

どの受け入れ校でも、事前説明会が設けられることが多いようです。実習に関わる重要な情報ばかりが提示されます。学校ごとに実施の細目が異なります。**第16回**を参照し、メモと確認の技能を使って必要な情報をもらさないように把握しましょう。

母校でも、また指導教官がなじみのある先生でも、「実習」であり、「教員」として行くという自覚は重要です。思い出の母校に遊びに行く感覚やなじみの先生に会いに行くといった感覚は許されません。服装はもちろん、言葉づかいも、実習にふさわしいものにしましょう。

練習問題

1. あなたは間宮佑子さんです。次の説明会に出席しているつもりで、後の資料に重要事項をメモしましょう。また指示に従って書類を作りましょう。さらに、資料のあなたの名前に間違いがあります。訂正してもらいましょう。

みなさん、こんにちは。えー、私、来年度のみなさんの実習を担当します相沢です。今度の参加者はみんな卒業生ですね。懐かしい顔がならんでいますが、実習ですのでお互いにしまっていきましょう。

さて、今日は一応、受け入れ許可が出たみなさんに１度集まっていただいて、実習の意思確認をするのと、受け入れ許可の書類の発行が主な目的です。また後でやりますが、受け入れ許可の書類はたぶん大学の方で提出が求められると思いますので、大学の期日に合わせて各自提出するなりしてください。各大学でね、やり方が違うと思いますから。

えー、それで、一応資料ですね。説明しておきます。１のところ、日程が書いてありますね。６月第２週・３週になります。間違えないようにね。このうちですね、土曜は休みです。あと、１日、球技大会が入りますので。詳しい、あのー、細かい日程は、事前説明会でお配りできると思いますので、そのつもりでいてください。

えー、それから２番目、参加者ですね。みなさん、自分の名前、入ってますか。ない人。あと、字が間違ってるとか。ありませんか。
あ、間宮さん、はいどうぞ。間違ってる？
（間宮：「
_____

————————————————————
　　　　　　　　　　　　　　　　　　　　　　」）

だそうです。ごめんなさい。みなさん、訂正をお願いします。

で、こちらからもひとつ訂正ですね。国語科の、青木晴樹さんですが、彼は大学の附属高校でやることになったそうですから、なしです。削除。で国語科2名、英語科4名、で、…… 計、14名です。いいですね。

で、実際の実習の時にはみなさん1人1人に各教科の指導教官の先生がつきます。まだ決定してませんので載ってませんが、事前説明会の時にはわかります。で、事前説明会の日に、顔合わせと打ち合わせ、してもらいますので。で、はい、3のところ。その事前説明会の日程ですね。6月7日。直前の週の木曜日です。これは必ず、参加してください。指導教官との打ち合わせと、細かい時間割の発表と。大切なことの事前打ち合わせになりますから。いいですか？

はい、では、あと改めて正式な実習申請書に署名していただくのと、受け入れ許可の書類作りますのでね。※印の所、みなさんの方で書き込んでもらえますか。……受け入れ許可証の方は、あと校長の印鑑をもらってみなさんにお送りしますから。

　　　　　　　　　　　　　　　　　　　　　　平成〇年10月25日

　　　　　　平成〇年度　教育実習実施要項（案：説明会資料）

　　　　　　　　　　　　　　　　　　　　　　愛知県立栄和高等学校

1. 日程　　　　平成〇年6月11日（月）～22日（金）（2週間）

2. 実習参加予定者（指導教官については事前説明会で発表する）
　　国語科　　　青木晴樹・名波有紀・間宮祐子
　　英語科　　　安達瑞紀・林ユミ・山田繭香・吉井いつか
　　数学科　　　沢田基弘
　　社会科　　　秋庭洋子（日本史）・飯田信樹（世界史）
　　理科　　　　市川美晴（生物）
　　保健体育科　桜田伸吾
　　音楽科　　　多田行成

3. 事前説明会について
　　必ず出席すること。
　　平成〇年6月7日（木）13:00～　会議室

```
┌─────────────────────────────────────────┐
│           実習申請書                     │
│                    平成〇年 10 月 25 日   │
│ 私は愛知県立栄和高等学校に下記の日程で教育実習を │
│ 申請いたします。                         │
│                                         │
│     ※住所                               │
│                                         │
│     ※氏名              印               │
│                                         │
│                  記                     │
│ 平成〇年 6 月 11 日（月）〜 6 月 22 日（金）│
│                                         │
└─────────────────────────────────────────┘


┌─────────────────────────────────────────┐
│           受け入れ許可証                 │
│                    平成〇年   月   日    │
│ 下記の者の教育実習について、受け入れを許可いたします。│
│                                         │
│       愛知県立栄和高等学校長　花田和郎　印│
│                                         │
│                  記                     │
│ ※住所                                   │
│                                         │
│ ※大学                                   │
│ ※氏名                                   │
│                                         │
│                                         │
└─────────────────────────────────────────┘
```

実習後は、指導教官をはじめお世話になった先生方にお礼状を出したいものです。
改まった手紙は書く機会の少ないものですが、手紙の書き方は身につけておきたい技能の1つです。相手に感謝の気持ちが伝わるように書きましょう。

謹啓　せみの鳴く声が日増しに大きくなります。先生にはお変わりなくお過ごしのことと存じます。
さて、先日の教育実習ではまことにお世話になり、ありがとうございました。先生の厳しく温かいご指導のおかげで何とか実習を終えることができました。はじめの模擬授業では頭が真っ白になって何秒も黙ってしまったりしました。私も不安でいっぱいでしたが、先生の方がどうなることか、と、さぞご心配だったと思います。
それでも、先生のご指導のおかげで、本番では何とか授業の形になり、先生に「できたな」といわれた時は思わず涙が出ました。元担任の岡田先生に担当教官もしていただき、本当に恵まれた環境で実習させていただいたこと、心より感謝申し上げます。私がのぞいたのは教師という仕事のほんの一部ですが、この実習を通して、先生方と同じく教壇に立ちたいという思いはさらに強くなりました。
現在は採用試験に向けて日々勉強に励んでおります。難関を突破して、実習で学んだことを発揮したい気持ちでいっぱいです。よい結果をご報告できるようがんばります。
今後ともご指導ご鞭撻のほどよろしくお願い致します。
暑さ本番に向かいます折りから、どうぞご自愛下さい。
まずは御礼まで

　　　　　　　　　　　　　　敬白
平成〇〇年六月二十五日
　　　　　　　　　　　　間宮佑子
岡田雄一先生

---

tea break　手紙の苦手な人は

郵便事業株式会社（日本郵便）の「日本ゆうびんホームページウェブサイト」には、「お手紙文例集（レターなび）」(http://www.post.japanpost.jp/navi/main.html)というサイトが設けられています。

豊富な文例の中から好きなものを自由に選んでいくと、手紙ができあがる仕組みです。文例をたくさん見ることで手紙の形式に慣れるとよいでしょう。骨組みをここで作って自分でアレンジしてみるのもよいかもしれませんね。

練習問題

2 教育実習を終えた後のつもりで、下の便箋にホームクラスの生徒あての手紙を書きましょう。先生方へのお礼状ほど改まる必要はありませんが、あくまで教師としての姿勢で書くことに留意しましょう。

技能編　第18回　*総合応用*

インタビュー取材をする

インタビュー

学習活動の中では、様々なことを調査したり、分析したりすることが求められます。文献などの資料にあたってレポートを書く手順は、**第11回**で学習した通りですが、時には、誰かにインタビューして、情報を求めることもあります。ここでは、インタビューのアポイントメントの取り方から実際のインタビューまでをケーススタディしてみます。

1. アポイントメントを取る―手紙・電話―
2. 質問メモを作る―メール―
3. インタビュー―メモ―

1.a　アポイントメントを取る―手紙―

謹啓　晩秋の候、安川様におかれましては、ますますご清勝のこととお慶び申し上げます。

一度もお目にかかったことがございませんのに、突然このようにお便り差し上げる失礼、なにとぞお許し下さい。

実は、私、現在、〇〇大学◇◇学部の四年に在籍し、この地域の昭和の建築史をテーマとして、卒業論文を作成したいと考えております。今のところ、昭和一〇年頃の地図と、現在の地図とを見比べながら、第二次世界大戦の際に焼失せずに残った古い建築物が、現在どの程度残っているかについて調査をしております。

調査を続ける中で、安川様の御著書『建築物は語る―〇〇の戦後史―』を拝読し、多くのことを学ばせていただきました。また、安川様が、この地域の古い建造物や町並みの保存について、様々なところで働きかけをなさっていることも知りました。ぶしつけとは存じますが、ぜひ直接お目にかかってお教えをいただければと思っております。

毎日ご多忙のことと存じますが、ご都合のよろしい日に一時間ほどお時間をいただけましたらありがたく存じます。まことに勝手なお願いで申し訳ございませんが、よろしくお取りはからい下さいますよう、お願い申し上げます。

近日中にお電話させていただきますが、まずは書面にてお願いいたします。

敬白

十一月八日

安川　浩一郎　様

服部　京子

①なぜ、突然自分に手紙をよこすのか、相手は不審に思います。その理由が分かり、また話を聞きたいというこちらの熱意も伝わるように、簡潔かつ具体的に自分の事情を書きます。それによって相手も、どんなことを聞きたがっているのか、おおよそ想像ができるでしょうから、返事が出しやすくなるはずです。

②こうしたことは最初から具体的に言ってしまった方が、相手も都合を考えやすくなります。

③手紙全体が手書き・ワープロのどちらであっても、自分の署名は必ず手書きします。

④こういう場合、「様」がごく一般的な敬称です。ただし、相手が日頃「先生」と呼ばれるような立場・職業の人（教員、医師など）の場合は、「先生」とする方が無難です。

1度も会ったことのない人に出す手紙ですから、言葉づかいなど慎重に選ぶ必要があります。と言って、丁寧になりすぎてもくどくて滑稽な手紙になります。必ず下書きしてから書きましょう（ワープロを下書きに利用すると便利です）。また書いたものをフロッピーなどに保管しておくと、勘違いなどを防ぐのに役立ちますし、別の機会にも参照できます。

1．b　アポイントメントを取る―電話―

手紙が届いた頃を見計らって、電話をします。相手の職業や年齢、電話をかける先が自宅か職場かなど、状況によって時間帯に配慮し、機会に応じた言葉づかいをこころがけます。

事務：はい、〇〇市郷土資料センターです。

服部：〇〇大学◇◇学部4年の服部京子と申します。お忙しいところ申し訳ございません。安川様にお取り次ぎいただきたいのですが。

事務：安川、ですか。……恐れ入りますが、どちらの安川でしょうか。

服部：安川浩一郎様をお願いしたいのですが。

事務：ああ、資料部の安川ですね、お待ち下さい。……申し訳ありませんが、ただいまあいにく席をはずしております。1時間ほどで戻ると思いますが……。

服部：そうですか……。

事務：こちらからかけるように申し伝えましょうか？

服部：いえ、あとでかけ直させていただきますので、恐れ入りますが、電話があったことをお伝え下さいませんか。

事務：わかりました。〇〇大学の服部さんでしたね。

服部：はい。よろしくお願いいたします。失礼します。

---

①電話を取り次いでほしいときの、改まった定型表現です。ただ、ここで「安川様」とだけ言ったので、相手が少しとまどったようです。組織が大きくなるほど、同姓、あるいは「加藤」と「佐藤」など、電話で1度聞いただけでは紛らわしい姓の人がいる可能性も高くなります。②に出てくる「資料部」などの所属を伝えるのがわかりやすい方法ですが、所属が分からなければフルネームで伝えるようにします。

③相手に何かを頼みたい時の定型表現です。

練習問題

1. 服部京子さんは、前のページの電話の1時間後に、もう1度安川さんの所に電話をしました。下の会話はその時のものです。服部さんになったつもりで、空欄部分のセリフを考えてみましょう。また、大切なことをメモしましょう。

事務：はい、〇〇市郷土資料センターです。
服部：〇〇大学◇◇学部4年の服部京子と申します。
事務：先ほどお電話下さった方ですね。少々お待ち下さい。
安川：お待たせしました、安川です。

服部：(＿＿＿＿＿＿＿＿＿＿＿＿＿＿＿＿＿＿＿＿＿＿＿＿＿＿) 服部です。
　　　(＿＿＿＿＿＿＿＿＿＿＿＿＿＿＿＿＿＿＿＿＿＿＿)。

安川：ああ、服部さん、どうも。卒業論文で建築史を、でしたね。

服部：はい、(＿＿＿＿＿＿＿＿＿＿＿＿＿＿＿＿＿＿＿＿＿＿＿＿＿＿＿＿＿＿)。

安川：いいですよ、僕でお役に立てるかどうか、分からないけど。じゃ、早いほうがいいですよね。今度の金曜、3時頃どうでしょう。

服部：ありがとうございます。15日、金曜の午後3時ですね。それで、
　　　(＿＿＿＿＿＿＿＿＿＿＿＿＿＿＿＿＿＿＿＿＿＿＿)

安川：資料センターの閲覧部に訪ねて来てください。資料もお見せできるでしょうし。

服部：(＿＿＿＿＿＿＿＿＿＿＿＿＿＿＿＿＿＿)、わかりました。お忙しいのに、申し訳ございません。

安川：構いませんよ。じゃ、お待ちしてます。あ、何か事前に必要なことがあったら、僕のメールアドレス、教えますから、そこに連絡ください。メール、使うよね？良かったら君のも教えて下さい。koichi@〇〇.ne.jp です。

服部：ケイ、オー、アイ、シー、エイチ、アイ、でよろしいですか。
安川：そうです。
服部：私のは kyoko.@u-〇〇.ac.jp です。
安川：大学名の前にユー、ハイフンですね、わかりました。
服部：ありがとうございました。

MEMO

_____
_____
_____
_____

2. 質問メモを作る―メール―

いよいよ、実際に相手に会ってインタビューすることになりました。準備として、相手に何を聞きたいのか、きちんと質問メモを作っておきましょう。質問したいことが多かったり、複雑だったりする場合は、相手の了解を取った上で先に質問事項を手紙などで伝えておくとよいでしょう。服部さんは、質問メモを作った後、それをメールで伝えることにしました。

宛先：koichi@○○ne.jp
件名：15日の質問内容についてのお願い①

安川　浩一郎　様

○○大学◇◇学部の服部京子です。昨日はお電話で失礼いたしました。心よりお礼申し上げます。15日には、主に以下の事柄についてお教えいただきたいと存じます。②

1、古い地図の中で、どうしても見方が分からない３カ所について。
2、現在の鉄道駅の西側に、昭和初期に建てられた個性的な建築物が複数ある理由について。
3、市の東部の、戦前から残る民家の屋根に、必ず特殊な装飾の瓦(かわら)が飾られている理由について。
4、市内にあるＣ県立高校の旧校舎（昭和２年建築）の保存の可能性について。

また、私が作っております「現代に残る昭和建物地図」を御覧いただいて、ご叱正(しっせい)をいただければとも思っております。貴重なお時間を頂戴(ちょうだい)して申し訳ございませんが、何卒(なにとぞ)よろしくお願いいたします。

服部京子③　kyoko.@u-○○.ac.jp

---

①メールでは、「件名」を簡潔に要領よく付けることが大切です。短く、しかも相手が一見しておおよその用件を推測できるようなものを工夫します。
②伝えたいことが複数ある場合は、箇条書きにして見やすくします。
③メールでは、発信者のアドレスを書かなくても受信者に分かりますが、書いておくのがマナーです。

メールでは、相手がモニターを見るときの都合を考えて、宛名や発信者名を左寄せにする、１行の字数を少なめにする、画面をスクロールしなくても読める程度の長さで用件を終える、などの配慮が必要です。また、メールではつい気が緩んで、馴(な)れ馴れしい文面になったり、直接ではとても言いにくいようなことをうっかり書いてしまったりすることがあるので、よく読み直してから送信するようにします。

安川さんから返事が来ました。

宛先：服部京子　kyoko.@u-○○.ac.jp
件名：Re：15日の質問内容についてのお願い
服部京子　様 メール拝見。熱心さに驚いています。郷土の歴史に興味を持ってくれる若い方がいらっしゃるのはとてもうれしいことです。15日楽しみにしています。ただ、ご質問の「3」については、僕の以前の著書『街並の民俗学』の第3章に詳しい記述がありますので、そちらを見ていただいた方がよいかと思います。 では。 安川　浩一郎　koichi@○○.ne.jp

①これは、明らかにこちらの手落ちです。わざわざ質問にいくのですから、既に公開されている本や資料を読めば分かることを聞いたりしないよう、事前の情報収集は丁寧にしておきましょう。

3．インタビュー―メモ―

京子さんは、自分で集めた資料をまとめたもの、質問のメモ、手みやげの菓子折などを持って、当日、指定されたところに訪ねていきました。安川さんは好意的に迎えてくれ、京子さんが作成中の「昭和建物地図」について細かな助言をくれるなど、和やかにインタビューを進めることができました。

―・―

練習問題

② 次の会話を読み、京子さんの立場に立って、インタビューのメモを作成しなさい。

服部：ああ、なるほど。地図の道幅の表示が、実際と違う可能性があるんですね。 安川：そうそう。わからないのも無理ないよね。確証はないことだし、それに本当はあってはいけないことなんだけど、僕が調べた限りではたまにあるんですよ、そういうこと。まぁ、道路の拡張の時期の問題なのかもしれないけど。戦争前の話だからね。 服部：分かりました。この部分、1度調べ直してみます。 安川：そうですね。ただ、確かめようがないかもしれないから、あまりこだわらない方がいいかもしれないよ。 服部：はい。……で、次に、駅の西側のいくつかの古い建物なんですけど。屋根や窓の形など、とても個性的なものがあって。（地図を指しながら）ここの郵便局、それからこの楽器店と音楽教室が入っている建物、それに、○○銀行の駅西支

店。設計者を調べましたが、全部違う人ですし、確かにそれぞれのデザインは似てないですよね。それぞれの今の持ち主の方にうかがっても、知らないと言われました。

安川：ああ、それね……。実はね、それ、僕も最近知ったんだけど、その建物全部、何代か持ち主をさかのぼると、全部同じ人のはずですよ。

服部：えっ、それって……。

安川：坂本春男っていう人だと思う。株で大もうけして、駅西の空いてる土地をいくつも買ったらしいんだ。子どもの頃、ほんとは設計技師になりたかったらしいんだが、生家が貧しくて商家に奉公に出て、その後、いろいろと事業に手を出したらしい。で、もうけた時に土地を買って、それぞれに若手の設計者を採用して、うんと個性的なビルを作れって言ったんだ。しばらくはそこで事業をしていたようだけど、どうもうまくいかなくなって、ビルもすぐ人手にわたってしまったらしい。ああ、今、郷土史の昭和の部分が編纂中なんだけど、坂本春男のこと、書いている人がいますよ。その人の書いたもの、多分見せてあげられると思うから、あとでコピーしていったらどう？ 執筆者にはあとで僕が連絡しておくよ。

服部：ありがとうございます、そうさせていただきます。でも、そういうことを今の持ち主の方々がご存じないのは残念ですね。郵便局や銀行なんて、人がたくさん来る場所だから、ＰＲしたら楽しいと思うんですけど。

安川：そうですねぇ。昭和って、歴史になったばっかりって感じですから。これからってとこじゃないかなぁ。まぁそれに、あなたのように、歴史的建物に意義を認めてくれる人ばかりじゃないですからねぇ。

服部：あ、Ｃ高校の件ですか？ 私卒業生なんです。もう私の在学当時でも、あの校舎は使ってはいなかったんですけれど。

安川：そう。あれ、残したいですねぇ。博物館か何かにできないかと働きかけているんですよ。これから署名集めもしますから。あっ、そうだ。服部さん、署名運動のとき、手伝ってもらえないかなぁ。もちろん、卒論終わった後で構わないから。

服部：はい、喜んで。

安川：助かるなぁ。こういう運動に若い人が加わってくれるのはとてもありがたいんだ。正直言って若い人たちが身近な町の歴史について関心持ってくれるかどうかなんて、全然自信ないからね。……あ、ごめん、話が逸れてしまいましたね。ええと、坂本春男が施主となって建てた建物のリスト、今郷土史の基礎資料のデータベース出しますから、あなたの地図と照らし合わせてみますか。

服部：はい、ぜひお願いします。あと、このそれぞれの設計者たちについて、もう少し何かわからないでしょうか。

安川：ええと、どうかなぁ。とりあえず、同じデータベースで検索してみますか。

服部：お願いします。

インタビュー：MEMO

3 安川さんは結局2時間以上も京子さんにつきあってくれました。京子さんは、様々な助言や資料の提供を受け、とても充実した気持ちで帰宅しました。京子さんの立場にたって、安川さんに、今日のインタビューに対するお礼のメールを書きなさい。

宛先：
件名：

技能編 第19回 総合応用

就職活動をする

就職活動

学生生活を終えて、社会人となるための大きな関門が就職活動です。就職活動では、自分の能力や個性をアピールするのはもちろんですが、一方で、様々な社会のルールを踏まえたコミュニケーション能力が求められます。活動の流れは「資料請求→会社説明会、OB・OG訪問→エントリーシート→試験・面接」といったものです。会社説明会、OB・OG訪問のアポの取り方や、面接での言葉づかいなどは、これまでの学習が役に立つはずです。ここでは、就職活動の際に要求される書類などの書き方について学習します。

資料請求
1. Eメール
2. 既製のはがき

書類提出
1. 履歴書
2. エントリーシート

資料請求

企業を知る最初の手がかりを得るのが「資料請求」です。就職情報誌についている既成ハガキ（「資料請求カード」「登録カード」などと書いてあるのが一般的です）を送る方法、官製ハガキを使う方法、Eメールを使う方法などがあります。

1. Eメール

Eメールで送る場合は、まずインターネットに接続し、就職関連のサイトを見つけます。「資料請求」「採用」といったキーワードに加え、自分の志望の分野・職種・会社名などを入力して、資料請求ができるホームページまでたどりついたら、必要な事柄を入力して送信します。

この時、画面を操作して選択してチェックを入れる箇所など、誤って入力していたり、忘れたりしていないか、確認します。例えば、新卒者かどうか、男女の別、都道府県名などです。氏名・電話番号など直接入力する箇所では、指定されている文字が半角か全角かなど注意します。ふりがなは、「ふりがな」と書いてあればひらがなで、「フリガナ」と書いてあればカタカナで入力します。住所はマンション名なども省略せずに書きます。

Eメールはハガキなどに比べ、つい安易に出してしまいがちです。送信する前によく見直し、記入内容を確認しましょう。

```
┌─────────────────────────────────────────────────────┐
│   ⦿  学生        ○   社会人                          │
│  名前    [         ]                                 │
│  フリガナ [            ]  （全角）                    │
│   ⦿  男性        ○   女性                            │
│  生年月日  [   ]年[  ]月[  ]日                       │
│  最終学校名[              ]                          │
│  学部学科名[           ]                             │
│   ⦿  在籍中      ○   卒業・修了                      │
│  住所  〒[       ]  （半角）[都道府県名▼]             │
│       [                              ]              │
│  電話   [           ]  （半角）                      │
│  E-mai  [            ]  （半角）                     │
│  問い合わせ内容 ⦿ 採用情報  ⦿ 会社説明会  ⦿ OB・OG訪問  ○ その他 │
│       [                              ]              │
│                                                     │
│  自己ＰＲなど                                         │
│       [                              ]              │
│                                                     │
│          ( 送信 )          ( キャンセル )             │
└─────────────────────────────────────────────────────┘
```

2. 既製のハガキ

既製のハガキの場合は、Ｅメールの時と同じように、指定された項目をきちんと書き込んでいきます。字を崩さず、黒インクではっきりと書きます。

表書きは、住所・宛先が既に印刷されていますので、書くのは楽ですが、宛先の下の「行」「宛」を「様」（宛先が担当者の名前である場合）、「御中」（宛先が部署名など団体名である場合）と書き直すのを忘れないようにします。

裏書きは、スペースに合わせて字配りをします。修正液などを使うと仕上がりの印象が悪くなります。特に、質問や自己ＰＲの欄がある場合は、小さいハガキのスペースに収まるよう、別の紙に下書きし、内容を絞り込んでから書くようにします。小さい字で書いて大きくスペースが空いたり、大きい字で書いて途中から字を急に小さくしたりしないようにしましょう。

例

```
50円切手を          400－1234
貼って出して
ください。
                名
                古
                屋
                市
        株       千
        式       種
        会       区
        社       不
        富       老
        田       町
        デ       一
        ン       ・
        ソ       〇
        ー       ・
         人      〇
         事
         部      大
            御   尾
         行   中  張
                ビ
                ル
                デ
                ィ
                ン
                グ
```

資料請求カード 　　　　　　　　アンケートにお答え下さい

1、当社についてお持ちのイメージは？（複数回答可）

　a.発展性　　b.堅実性　c.国際性　d.多様性　e.専門性　f.その他（　　　）

2、企業選択時に重視することは？（複数回答2つまで可）

　a.業種　　　b.職種　　c.給与制度　d.事業規模　e.知名度　f.社風　g.勤務地

　h.福利厚生　　i.能力主義　j.その他（　　　　　　　）

3、ご意見・ご質問など

（　　　　　　　　　　　　　　　　　　　　　　　　　　　　　　　　　）

ふりがな
氏名 _____

現住所　〒　　－　　　　　　　　　　　　　　　　TEL

連絡先　〒　　－　　　　　　　　　　　　　　　　TEL

最終学歴 _____

学生時代に力を入れたこと

（　　　　　　　　　　　　　　　　　　　　　　　　　　　　　　　　　）

練習問題

1. 次は、官製ハガキを使った資料請求の文面のフォーマットです。あなた自身のことをかえりみながら、第1志望の企業に出すつもりで空欄を埋め、完成させなさい。

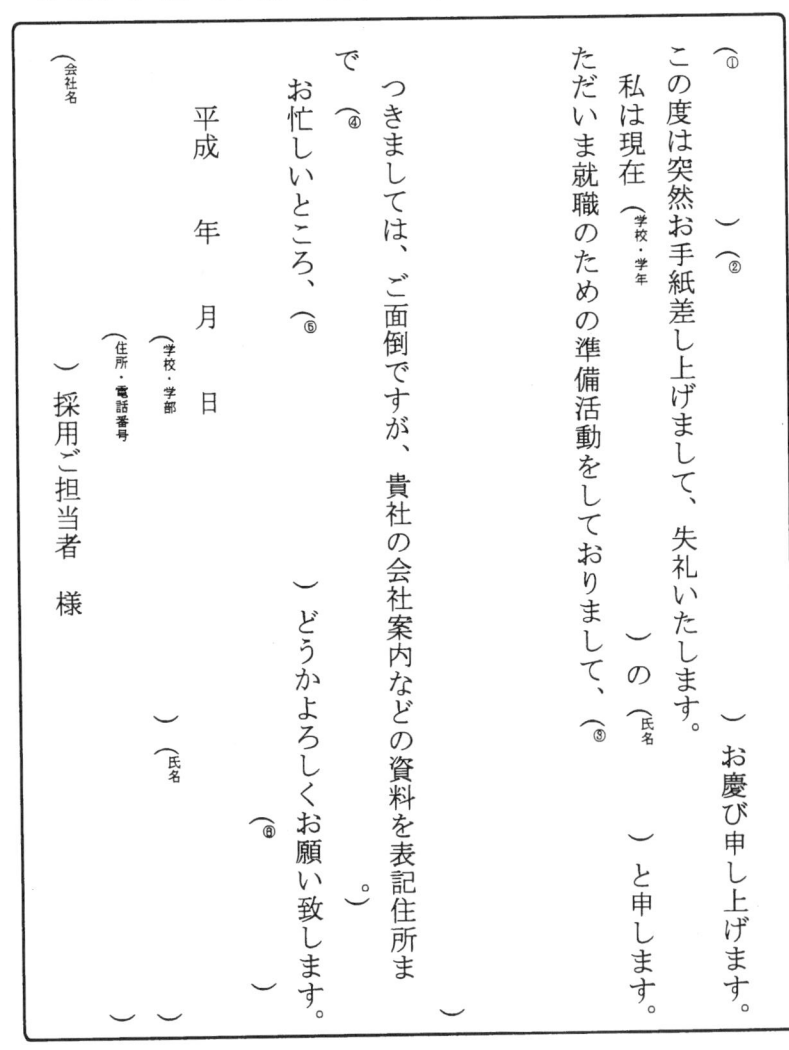

```
（会社名　　　　　）
　　　採用ご担当者　様

平成　年　月　日
　　　　　（住所・電話番号　　　）
　　　　　（学校・学部　　　　　）
　　　　　　　　　　　（氏名　　　）⑥

（①　　　）

この度は突然お手紙差し上げまして、失礼いたします。
私は現在（学校・学年　　　）の（氏名　　　）と申します。
ただいま就職のための準備活動をしておりまして、（③　　　）
つきましては、ご面倒ですが、貴社の会社案内などの資料を表記住所まで（④　　　）
お忙しいところ、（⑤　　　）どうかよろしくお願い致します。
```

ヒント

①⑥頭語と結語をきちんと使いましょう。
②企業に挨拶するときの決まり文句が、すぐ頭に浮かびますか。
③志望動機を簡潔に伝える表現を、2～3文程度で考えましょう。
④「送ってもらいたい」をきちんとした敬語表現で書きましょう。
⑤相手に時間や手間をとらせることについてのお詫びの気持ちを入れるようにします。

---

tea break　自己分析しよう

今回の総合応用では、就職活動の際の様々なコミュニケーション技術について学習しています。しかし、ここで取り上げているのはあくまで基礎としての技術です。この技術を使いこなすには、自分自身をよく知り、何をしたいのか、何ができるのか、よく分析する必要があります。

就職活動では、多くの初対面の人に会って、自分の良さを分かってもらう努力をしなければなりません。それにはなにより自分で自分を理解すべきなのは言うまでもありません。

例えば、あなたは、次の課題にすぐ答えられるでしょうか。答えられない人は、自分の生活を見直してみましょう。

・自信をもって人に勧められる本・映画はありますか。もちろん理由も述べて下さい。
・尊敬できる身近な人は誰ですか。それはなぜですか。
・これまでに、一番達成感のあったことはなんですか。事柄の経緯が分かるように述べて下さい。

書類提出

1. 履歴書

履歴書は、提出する先から指定された書式がある場合はそれを使います。指定されない場合は、所属学校指定のもの、または市販のものを使います。以下、市販の一般的な履歴書の形式に従って気をつけたいことを説明します。順に書き入れてみてください。

```
履 歴 書           ①年　　月　　日 現在       写真を貼る位置　　⑧
ふりがな                          ※男　女
氏　名                              印        写真を貼る必要が
                                              ある場合
                                              1. 縦 36～40 mm
  ②                              ③            横 24～30 mm
                                              2. 本人単身胸から上
※明治                          本籍    ※都道   3. 裏面のりづけ
  大正    年　月　日生                    府県
  昭和
④         （満　　才）      ⑤
ふりがな                                      電話
現住所 〒                                     市外局番 (        )
                                              －
  ⑥                                             (      方呼出)
ふりがな                                      電話
連絡先 〒                                     市外局番 (        )
                                              －
  ⑦                                             (      方呼出)
```

鉛筆ではなく、黒または青の筆記具を使い、字は崩さず、略さず、楷書で書きます。

①郵送する場合は投函（とうかん）する日の日付、持参する場合は当日の日付を用います。

②氏名をバランスよく書き、ふりがなを忘れないようにします。

③印はまっすぐ押します。（朱肉のいらないタイプのものは使わない）

④「1、2」などのアラビア数字を使って書き、年齢は①に書いた日付の時点で書きます。

⑤最近はこの欄がないものも増えていますが、確認しておきましょう。

⑥マンション名なども略さず全部書きます。

⑦現住所以外に連絡を希望する場合に書きます。1人暮らしの人などは、考えておいた方がよいでしょう。また、携帯電話やFAX、Eメールアドレスなどの連絡手段がある場合は、それも書きます。

⑧服装に気をつけ、写りのよいものを選びます。のりづけする前に油性のペンで裏に氏名を書いておきます。

年	月	学歴・職歴（各別にまとめて書く）
		学　歴
⑨	⑩	
		〜〜〜〜〜〜〜〜〜〜〜〜〜〜〜〜〜〜〜〜〜〜〜〜〜
		職　歴
	⑪	
		〜〜〜〜〜〜〜〜〜〜〜〜〜〜〜〜〜〜〜〜〜〜〜〜〜
		⑫以上

⑨「平成1」「3」のように、元号と数字を使って書きます。同じ元号が続いても、「〃」「同」などは使いません。

⑩中学校卒業から書き始めます。同じ学校名が何度も出てくる場合でも「〃」「同」などは使わず全部書きます。最終段は、現在在学中の場合は、「卒業見込み」となります。

⑪パートやアルバイトなどは書きません。

⑫学歴・職歴とも書き終わったら、「以上」と書きます。もし、社会的に認められる程度の大会やコンクールなどの入賞・優勝といった経歴があれば、職歴の次に「賞罰」として書き、その後に「以上」とします。

年	月	免許・資格
		⑬

⑬免許・資格の名称は正式名称で書きます。例えば「英検」などは「実用英語検定試験」とします。免許・資格を書く順序は、取得した年月順に書くのが一般的ですが、免許を先に書く、またはアピールしたいものを優先して書く、といった方法でも構いません。自分なりの基準で順番を整理しておきます。免許・資格の場合は「〇〇免許取得」、検定試験などの場合は「〇〇試験◇級合格」とします。近いうちに確実に取れるものについては、「取得予定」とします。

以上の欄の次には、「志望動機」「趣味・特技」「得意な学科」「健康状態」「性格」「本人希望欄」「自己ＰＲ」などの項目が設定されています。それぞれのスペースに応じて、具体的に書きます。（例えば「趣味：旅行」とだけ書くのでなく、「趣味：旅行。アジアの民族音楽に生でふれることが最大の楽しみで、これまでに７カ国を回った。」など、「どんな人物だろうか」と興味を持たれるように書きます。）このような項目は、履歴書によって異なるので、自分のもっとも書きやすいものを探しておきましょう。ただし、就職活動では「志望動機」「自己ＰＲ」などの記入スペースの大きいものを選び、「読ませる履歴書」を目指すべきです。

2. エントリーシート

履歴書が、資料請求の後の「詳しい最初の自己紹介」のための書類であるとすると、エントリーシートは、会社説明会・会社訪問などを経て、自分と会社との関係を作っていくための書類です。氏名や経歴を書く点では履歴書と同じですが、自分についてかなり長い文章で表現することや、様々な課題への取り組みが要求され、企業によっては事実上の試験になる場合もあります。

エントリーシートで要求されることには、おおよそ２つの方向があります。１つは、自分自身の過去から現在について自分で分析し、アピールすること。性格、経験・実績、能力、意欲、行動力、価値観、人間関係など、あらゆる角度から自分を測り、自分が企業にとって魅力的な人物であることを表現します。もう１つは、５年先、10年先といった将来への展望を示すこと。自分、企業、社会と、視野を広げて自分なりの展望が示せなくては、「なぜこの会社なのか」という動機も見えてこないでしょう。

次に掲げるのは、比較的よくあるタイプのエントリーシートの課題です。現時点での力試しのつもりで、２つのうちどちらか選び、取り組んでみてください。文章以外の表現（例えばイラストや写真など）に自信のある人は、そうしたものも意欲的に取り入れてみてください。

練習問題

② 次の仮題 a、b のどちらかを選び、次のページを使って表現してください。（パソコンなどを使う人は、各自で別紙を用いてかまいません。）

a、あなたがこれまでもっとも打ち込んできたことは何ですか。また、それによって何を得ましたか。

b、10 年後の日本で、もっとも今と変わっていると予想されることは何ですか。また、その中であなたはどんな生き方をしたいですか。Ａ４用紙１枚の中に表現してください。

a   b   (選んだ課題の番号を○で囲みましょう。)

技能編 第20回 総合応用

ビジネス文書 その1

官公庁や企業などの組織の中で、さまざまな連絡・確認の手段となり、また仕事上の「証拠」ともなるのが「文書」です。「文書」の細かい書式は、組織によっていろいろな規則がありますが、何よりも、用件を正確に伝え、簡潔であることが求められます。ここではもっとも一般的な「ビジネス文書」の型を紹介します。「社外文書」は、いわば組織の名前で出される手紙で、頭・結語などの用い方は手紙と同様ですが、文書番号による整理や、役職名による発信・受信など、一定の決まりがあります。次に掲げる例は、「金鯱工業株式会社」から出された、ノート型パソコンを注文する文書です。

A

　　　　　　　　　　　　　　　　　　　　　　　総発第 8549 号
　　　　　　　　　　　　　　　　　　　　　　　　①文書番号

　　　　　　　　　　　　　　　　　　　　　　　平成〇年 10 月 1 日
　　　　　　　　　　　　　　　　　　　　　　　　②発信日付

星竜事務機器株式会社
　　③受信者名（組織名）

　販売課長　　上田　雅美　様
　　④受信者名（職名・氏名・敬称）

　　　　　　　　　　　　　　　　　　　　　　　金鯱工業株式会社
　　　　　　　　　　　　　　　　　　　　　　　　⑤発信者名（組織名）

　　　　　　　　　　　　　　　　　　　　　　　総務課長　　山村　響子
　　　　　　　　　　　　　　　　　　　　　　　　⑥発信者名（職名・氏名）

　　　　　　　　　　　ノート型パソコンのご注文
　　　　　　　　　　　　　　⑦標題

拝啓　貴社ますますご発展のこととお喜び申し上げます。
⑧頭語　⑨前文

　さて、このたび下記のとおり注文いたしますので、よろしくお願い申し上げます。
　　　　　　　　　　　　　　　　⑩主文

　　　　　　　　　　　　　　　　　　　　　　　　　　　　　　敬具
　　　　　　　　　　　　　　　　　　　　　　　　　　　　　　⑪結語

　　　　　　　　　　　　　　記

1　注文品　　ノート型パソコン「LaBlo－Ｍｅ」
2　数　量　　10 台
3　単　価　　178,000　円
4　納　期　　平成〇年 10 月 30 日
5　支払い　　28 日締め翌 10 日払い（小切手）

　　　　　　　　　　　　　　　　　　　　　　　　　　　　　　以上
　　　　　　　　　　　　　　　　　　　　　担当　総務課　吉川
　　　　　　　　　　　　　　　　　　　　　⑫担当部署・担当者名

受信者名と発信者名は、それぞれの部署の責任者とし、担当者の氏名は最後に別に書きます。標題は一見して用件がわかるように付けます。また、「記」から「以上」までの箇条書きの形式を「記書き」といい、日時や場所、数値などをわかりやすく伝えるために用います。

練習問題

1. Aのような文書を受け取った「星竜事務機器株式会社」では、10月21日に注文どおりの品を発送しました。解答欄にあるのはその出荷通知状です。解答欄の（　　）を埋め、文書を完成させなさい。また、下線部の表現については、適切な表現に改めなさい。（「星竜事務機器株式会社」の担当者は販売課の磯村さんです。）

```
                                              販発第　３５８６号
                                          （①          ）


   （②          ）株式会社
   （③　）課長　（④          ）


                                      （⑤          ）株式会社
                                  （⑥　）課長　（⑦          ）


                （⑧              ）について（ご通知）

   （⑨　）　毎々格別のお引き立てに（⑩        ）、まことにありがとうございます。
       （⑪　）、１０月１日（⑫　）の（⑬　）総発第８５４９号にてご注文の品、本日早速、○○運送の特急便にて発送したので、（⑭              ）。
       （⑮　）、着荷の際は、同封の物品受領書に印を押して、（⑯        ）、返してほしい。
                                              （⑰　）


同封　物品受領書　１通
                                              （⑱　）
                                        担当（⑲          ）
```

1　発送した　　　→_____
2　印を押して　　→_____
3　返してほしい　→_____

技能編 第21回 総合応用

ビジネス文書 その2

社外文書が組織間の連絡に用いられるのに対し、社内文書は組織内の連絡・確認のために用いられるものです。社外文書に比べ、頭語・結語、前文・末文といった儀礼的要素が省かれ、より簡潔になっているのが特徴です。

次に掲げるのは、Aが長期休暇の通知状、Bが社員研修の講師派遣の依頼状です。

A

```
                                                総発　1822号
                                                  ①文書番号

                                                平成○年6月20日
                                                  ②発信日付

    社員各位
      ③受信者名

                                                    総務部長
                                                    ④発信者名

                        夏期休暇について（通知）
                             ⑤標題

     本年度の夏期休暇は、下記のように実施します。業務に支障のないよう、各自調整
      ⑥主文
    願います。

                               記

    1  期    間   平成○年7月20日から8月20日までの間
    2  休暇日数   連続または断続して8日間
    3  手 続 き   休暇届を各部署ごとにまとめて、7月13日までに総務部に提出する。
                                                       以上
```

B

```
                                                教発　8321号

                                                平成○年5月1日

    総務部長殿

                                                    教育部長

                       新入社員研修講師派遣について（依頼）

      標記について、総務部の土屋礼二文書課長を講師として派遣願います。なお、研修
    は下記の要領で行います。

                               記

    1  日    時   平成○年5月21日（月）　13時〜17時
    2  場    所   本社研修センターＯＡ室（4階）
    3  講義内容   「ＯＡ機器による文書処理の効率化について」
    4  対    象   新入社員20名
                                                       以上
                                           担当　教育部　大倉
```

練習問題

[1] 解答欄の（　　）を埋め、社内文書を完成させなさい。また、下線部の表現については、適切な表現に改めなさい。

　　　　　　　　　　　　　　　　　　　　　　　　　　平成〇年11月10日

社員（①　　）

　　　　　　　　　　　　　　　　　　　　　　　　　　　　　総務部長

　　　　　　　　　（②　　　　　　　　　　　）について（通知）

　全社合理化運動の一環として、文書事務の合理化を（③　　）の要領で推進します。目的をよく認識し、<u>協力してくれ</u>。
　　　　　　　　　　　　　　　　　　　　　　（④　　）

　1、（⑤　　　　　　　　　）
　　　社内・社外文書はごく一部を除き、Ａ４サイズ・横書きに統一する。
　2、（⑥　　　　　　　　　　）
　　　一般文書で裏面が白紙の場合、社内文書に再度利用する。
　3、（⑦　　　　　　　）　　原則としてフロッピーで保管する。
　4、（⑧　　　　　）　　原則として最長５年とする。
　（⑨　　　）、不明の点は、総務部まで<u>聞きにきてくれ</u>。　　（⑩　　）

---

1. _____　　2. _____

[2] 次の条件に従って、下の枠の中に、社内文書を作成しなさい。

「省エネルギー対策委員会」を、７月５日（火）15時から16時30分まで、２階中会議室で行う。資料は当日配布する。文書番号：なし、発信者：総務部長、受信者：省エネルギー対策委員全員、発信日平成〇年６月21日、　担当：総務課　棚橋

知識編

知識編 第1回 漢字の読み方と言葉の意味

難読語 その1

1. **斡旋**（あっせん） アルバイトの<u>斡旋</u>業務。
   間に入ってうまくいくよう取りはからうこと・世話すること

2. **軋轢**（あつれき） 親子間にも<u>軋轢</u>が生じうる。
   争い・不和

3. **安穏**（あんのん） 大企業も<u>安穏</u>としていられない。
   平和で穏やかな様子

4. **息吹**（いぶき） 自然の<u>息吹</u>が感じられる森。
   息づかい・生きている様子

5. **否応**（いやおう） <u>否応</u>なく入院させられた。
   いいも悪いもその人の意思に関係なく

6. **引責**（いんせき） 社員の不祥事による<u>引責</u>辞任。
   責任をとること

7. **請負**（うけおい） 再建の<u>請負</u>人に任命される。
   全責任を負ってプロとして仕事を引き受けること

8. **内訳**（うちわけ） 支出の<u>内訳</u>は次の通りだ。
   明細内容

9. **会釈**（えしゃく） 軽く<u>会釈</u>して通り過ぎる。
   軽いお辞儀

10. **思惑**（おもわく） <u>思惑</u>通りに事を進める。
    思っていること・ねらい

11. **卸売**（おろしうり） <u>卸売</u>価格での大安売り。
    問屋が仕入れた商品を小売業者に売ること

12. **乖離**（かいり） 認識の<u>乖離</u>を埋める。
    かけ離れていること

13. **割愛**（かつあい） 紙幅の関係で<u>割愛</u>する。
    惜しいものを手放したり省略したりすること

14. **為替**（かわせ） <u>為替</u>と株の動向をチェックする。
    有価証券などで金銭の受け渡しをすること・またその相場

15. **机上**（きじょう） <u>机上</u>の空論。
    非現実的な

16. **解熱**（げねつ） 鎮痛剤には<u>解熱</u>作用もある。
    熱を下げること

17. **嫌悪**（けんお） 自己<u>嫌悪</u>に陥る。
    憎み嫌うこと

18. **言質**（げんち） <u>言質</u>を取る。
    後で証拠とする言葉

19. **滑稽**（こっけい） <u>滑稽</u>な仕草で話題の動物。
    おもしろおかしい

20. **献立**（こんだて） 給食の<u>献立</u>表。
    料理の取り合わせ・メニュー

21. **詐欺**（さぎ） <u>詐欺</u>にあえば人間不信になる。
    金銭目的でだますこと

22. **雑魚**（ざこ） <u>雑魚</u>を相手にするな。
    獲ってもしようがない小魚・取るに足りない相手・小物

23. **些細**（ささい） <u>些細</u>なことで腹を立てる。
    ほんの少しの・どうでもいい

24. **桟敷**（さじき） <u>桟敷</u>席で相撲を見る。
    段を高く設けた見物席

25. **至極**（しごく） <u>至極</u>真っ当な意見。
    非常に

26. **示唆**（しさ） 噴火の可能性を<u>示唆</u>する。
    暗示的にヒントを与える

27. **支度**（したく） 朝ご飯の<u>支度</u>。
    準備

28. **示談**（じだん） 両者が歩み寄り<u>示談</u>が成立した。
    話し合いでの解決

29. **老舗**（しにせ） 創業250年の<u>老舗</u>。
    昔から長く続いて繁盛し信用のある店

30. **諮問**（しもん） 政府の<u>諮問</u>機関。
    政治的判断に先立って学識者に専門的見解を求めること

31. **借款**（しゃっかん） 円<u>借款</u>の継続を決定する。
    国家間の貸し借り

32. **成就**（じょうじゅ） 大願<u>成就</u>。
    かなうこと

33. **真摯**（しんし） <u>真摯</u>な態度に好感が持てる。
    まじめで一生懸命な様子

34. **迅速**（じんそく） <u>迅速</u>な対応で助かった。
    少しも滞ることなく素早い

35. **辛辣**（しんらつ） <u>辛辣</u>な批評を受けて奮起する。
    手厳しい

36. **出納**（すいとう） 金銭<u>出納</u>簿をつける。
    金銭や物品の出し入れ

37. **折衷**（せっちゅう） A案とB案の<u>折衷</u>案で行こう。
    いいところを少しずつとって別のものを作ること

38. **相殺**（そうさい） 費用は先払い分で<u>相殺</u>できる。
    差し引きゼロにすること

知識編 第2回 漢字の読み方と言葉の意味

難読語 その2

39. 蕎麦(そば) 昼は天ぷら蕎麦を取ろう。

40. 重宝(ちょうほう) 小さなボウルは意外と重宝だ。
便利で使い勝手がよい

41. 続柄(つづきがら) 本籍と続柄が記載された住民票。
親族としての関係

42. 体裁(ていさい) 行頭が不揃いでは体裁が悪い。
外見・他者から見たかっこう

43. 適宜(てきぎ) 資料は適宜ご参照下さい。
適当に・その場の必要に応じて

44. 手際(てぎわ) あの手際のよさは素人ではない。
物事を処理する能力・方法

45. 添付(てんぷ) 証明書を添付して届け出る。
添えて付けること

46. 頭取(とうどり) 頭取まで登りつめる。
銀行などの代表

47. 匿名(とくめい) 匿名の情報提供。
名前を隠すこと

48. 乃至(ないし) A案乃至B案で行こう。
あるいは・もしくは

49. 名残(なごり) 別れ際はいつでも名残惜しい。

50. 雪崩(なだれ) 雪崩による行方(ゆくえ)不明者。

51. 捺印(なついん) 署名・捺印をお願いする。
印鑑を押すこと

52. 納得(なっとく) 庶民の納得できる価格設定。

53. 捏造(ねつぞう) 偽りの経歴を捏造する。
でっちあげること

54. 破綻(はたん) 銀行の破綻する時代。
手の施しようがないところまで行き詰まること

55. 抜擢(ばってき) 期待の新人が抜擢された。
大勢の中から選んで重要な役目につけること

56. 凡例(はんれい) 記号の使い方なら凡例にある。
書籍の巻頭にある約束事一覧

57. 誹謗(ひぼう) 誹謗中傷を受けても動じない。
他人をおとしめるために悪口を言うこと

58. 罷免(ひめん) 辞職する前に罷免・更迭しろ。
公職を辞めさせること・免職

59. 日和(ひより) 絶好の行楽日和だ。
(〜に適した)天気・気候

60. 歩合(ぶあい) 給料は歩合制で出来高払いだ。
ある基準に対して決まる金額・数量の割合

61. 吹聴(ふいちょう) 身内の成功を吹聴する。
(自慢や露悪的に)ふれ回ること

62. 風情(ふぜい) 田舎(いなか)の風情を味わう。
あるものの持つ独特の雰囲気

63. 払拭(ふっしょく) 疑惑を払拭する活躍。
きれいに取り除くこと

64. 反故(ほご) 約束を反故にされた。
だめ・無駄

65. 発端(ほったん) そもそも事の発端は何だ。
はじまり

66. 本望(ほんもう) S大に合格できれば本望だ。
本来の望み

67. 冥利(みょうり) 役名で呼ばれ役者冥利につきる。
その仕事ならではの満足感でいっぱいになる

68. 亡者(もうじゃ) 金の亡者にはなりたくない。
とりつかれた者

69. 目論見(もくろみ) 彼の目論見は見事に外れた。
企て・計画

70. 由緒(ゆいしょ) 由緒ある寺。
特別ないわれ

71. 浴衣(ゆかた) 花火大会には浴衣で行きたい。

72. 拉致(らち) 被害者が拉致された現場。
連れ去られること

73. 律儀(りちぎ) 挨拶(あいさつ)を欠かさない律儀な性格。
まじめで儀礼的な信条をかたく守る様子

74. 流布(るふ) おかしなうわさが流布する。
世間に広がる

75. 矮小(わいしょう) 問題を矮小化するな。
問題視されないほど小さい様子

76. 賄賂(わいろ) 賄賂はいつか露見する。
便宜の謝礼として・見返りを期待して決定権を持つ人に贈る金品

知識編 第3回 漢字の読み方と言葉の意味

文脈によって意味と読みのかわるもの

1. **相乗** <u>相乗</u>(あいの)りすればタクシーの方が得だ。／<u>相乗</u>(そうじょう)効果が期待できる。

2. **一行** <u>一行</u>(いちぎょう)あけて改行する。／田中様ご<u>一行</u>(いっこう)。

3. **市場** 毎月4の付く日に<u>市場</u>(いちば)が開かれる。／東京卸売<u>市場</u>(しじょう)。

4. **入れる** 信用できる党に私の1票を<u>入</u>(い)れる。／このスペースならあと2人<u>入</u>(はい)れる。

5. **上手** <u>上手</u>(うわて)をとれば横綱が断然有利だ。／<u>上手</u>(かみて)から登場する。／おだて<u>上手</u>(じょうず)。

6. **疫病** <u>疫病</u>(えきびょう)の流行した時代。／<u>疫病</u>(やくびょう)神。

7. **大勢** <u>大勢</u>(おおぜい)の参加者。／調査で<u>大勢</u>(たいせい)が判明した。

8. **気質** 職人<u>気質</u>(かたぎ)。／すぐカッとなる<u>気質</u>(きしつ)。

9. **仮名** <u>仮名</u>(かな)で書く。／<u>仮名</u>(かめい)の人物。

10. **河岸** <u>河岸</u>(かわぎし)を散歩する。／<u>河岸</u>(かし)で魚を仕入れる。／<u>河岸</u>(かがん)段丘。

11. **甲高** <u>甲高</u>(かんだか)い声。／<u>甲高</u>(こうだか)な足。

12. **形相** 必死の<u>形相</u>(ぎょうそう)。／<u>形相</u>(けいそう)と質料。

13. **気配** 人の<u>気配</u>(けはい)を感じる。／<u>気配</u>(きくば)りのできる人。

14. **被る** 損害を<u>被</u>(こうむ)る。／他人の罪を<u>被</u>(かぶ)る。

15. **後生** <u>後生</u>(こうせい)恐るべし。／<u>後生</u>(ごしょう)大事にする。

16. **骨折** <u>骨折</u>(こっせつ)で全治2ヶ月。／叔父の<u>骨折</u>(ほねお)りに感謝する。

17. **細々** <u>細々</u>(こまごま)とした作業。／<u>細々</u>(ほそぼそ)と暮らす。

18. **細目** 大綱の次に<u>細目</u>(さいもく)を決める。／<u>細目</u>(ほそめ)の麺が好みだ。

19. **札** お<u>札</u>(ふだ)を奉納する。／新しいお<u>札</u>(さつ)の発行。

20. 寒気　　寒気(さむけ)がする。／寒気(かんき)が近づく。

21. 白髪　　白髪(しらが)が増えた。／白髪(はくはつ)三千丈。

22. 水面　　水面(すいめん)下の動き。／水面(みなも)に映る山影。

23. 素性　　氏素性(すじょう)など問題ではない。／含有物質の素性(そせい)を調べる。

24. 術　　　なす術(すべ)もない。／術(じゅつ)後の経過。

25. 生物　　火星に生物(せいぶつ)はいるか。／生物(なまもの)なので早めに冷蔵庫へ入れる。

26. 素振り　無関心な素振(そぶ)り。／バットの素振(すぶ)り。

27. 造作　　無造作(ぞうさ)に積み上げる。／彫刻の造作(ぞうさく)を味わう。

28. 辛い　　辛(つら)い仕事。／辛(から)い本格派カレー。

29. 解く　　問題を解(と)く。／結び目を解(ほど)く。

30. 人気　　CMで人気(にんき)がでる。／明け方はさすがに人気(ひとけ)がない。

31. 便　　　交通の便(べん)が悪い。／午後の便(びん)で出発する。

32. 分別　　ゴミの分別(ぶんべつ)。／分別(ふんべつ)のつく年頃。

33. 手数　　手数(てすう)をかける。／相手の手数(てかず)は限られている。

34. 品　　　物腰に品(ひん)がある。／おすすめの品(しな)。

35. 文書　　文書(ぶんしょ)で通達する。／新発見の古文書(もんじょ)。

36. 面　　　能のお面(めん)。／不敵な面(つら)構え。

37. 目下　　目下(もっか)調査中だ。／目下(めした)の者に対しても態度を変えない人だ。

38. 汚れ　　泥汚(よご)れ。／汚(けが)れを祓(はら)う。

39. 利益　　利益(りえき)の追求。／ご利益(りやく)のある神社。

知識編　第4回　同音・同訓異義語の使い分け

その1

1. **ア**う　　　友人と会う。／意見が合う。／災難に遭う。

2. **ア**ける　　店を開ける。／家を空ける。／年が明ける。

3. **ア**げる　　値段を上げる。／天ぷらを揚げる。／手を挙げる。

4. **アツ**い　　今年の夏は暑い。／熱いお湯。／厚い本。

5. **ア**てる　　答えを当てる。／地下を駐車場に充てる。

6. **アヤマ**る　非礼を謝る。／計算を誤る。

7. **アラ**い　　金使いが荒い。／仕事が粗い。

8. **アラワ**す　顔色に表す。／姿を現す。／本を著す。

9. **イタ**む　　歯が痛む。／故人を悼む。／果物が傷む。

10. **イ**る　　　気に入る。／家に居る。／金が要る。／矢を射る。

11. **ウ**ける　　注文を受ける。／工事を請け負う。

12. **ウツ**す　　ノートを写す。／スクリーンに映す。／住所を移す。／都を遷す。

13. **オ**う　　　責任を負う。／犯人を追う。

14. **オカ**す　　危険を冒す。／罪を犯す。／国境を侵す。

15. **オク**る　　荷物を送る。／感謝状を贈る。

16. **オコ**す　　体を起こす。／会社を興す。

17. **オサ**める　成功を収める。／税金を納める。／国を治める。／学問を修める。

18. **オモテ**　　裏と表。／矢面に立つ。

19.	オロす	商品を卸す。／荷物を下ろす。／主役を降ろす。
20.	カエリみる	過去を顧みる。／自らを省みる。
21.	カえる	形を変える。／円をドルに換える。／振り替え休日。／打者を代える。
22.	カける	人間性に欠ける。／お金を賭ける。／橋を架ける。／壁に掛ける。
23.	カゲ	影も形もない。／陰口をきく。
24.	カタい	地盤が固い。／口が堅い。／硬い表情。
25.	カワく	暑さでのどが渇く。／洗濯物が乾く。
26.	キく	人の話を聞く。／音楽を聴く。／薬が効く。／機転が利く。
27.	キワめる	学問を究める。／栄華を極める。
28.	サく	花が咲く。／仲を裂く。／時間を割く。
29.	サげる	値段を下げる。／カバンを提げる。
30.	サす	ハチが人を刺す。／将棋を指す。／傘を差す。／花瓶に挿す。
31.	シズめる	船を沈める。／痛みを鎮める。／心を静める。
32.	シめる	店を閉める。／席を占める。／首を絞める。／ネクタイを締める。
33.	ススめる	時計を進める。／入会を勧める。／候補者として薦める。
34.	セめる	敵を攻める。／失敗を責める。
35.	ソう	線路に沿う道路。／病人に付き添う。
36.	タえる	消息が絶える。／遺憾に堪えない。／大地震に耐える構造。

知識編 第5回 同音・同訓異義語の使い分け

その2

1. **タつ**　　ビルが建つ。／退路を断つ。／布を裁つ。／時間が経つ。／駅を発つ。

2. **ツく**　　学校に着く。／服にシミが付く。／要職に就く。／盲点を突く。

3. **ツぐ**　　父の跡を継ぐ。／用件を取り次ぐ。／枝を接ぐ。

4. **ツツシむ**　言葉を慎む。／謹んで哀悼の意を表する。

5. **ツトめる**　会社に勤める。／サービスに努める。／委員長を務める。

6. **ツむ**　　花を摘む。／荷物を積む。

7. **トける**　数学の問題が解ける。／水に溶ける。

8. **トめる**　列車を止める。／客を泊める。／ボタンを留める。

9. **トる**　　免許を取る。／山菜を採る。／写真を撮る。／指揮を執る。

10. **ナラう**　英語を習う。／前例に倣う。

11. **ノゾむ**　平和を望む。／試験に臨む。

12. **ハカる**　時間を計る。／合理化を図る。／重さを量る。／委員会に諮る。

13. **ハジめ**　授業を始める。／初めての経験。

14. **ハヤい**　テンポが速い。／朝早く起きる。

15. **フえる**　人口が増える。／細菌が殖える。

16. **フける**　夜が更ける。／年をとって老ける。

17. **フルう**　刀を振るう。／蛮勇を奮う。

18. **マ**　　間に合う。／海水から真水を作る。／魔が差す。

19. ミる　　　　テレビを見る。／患者を診る。

20. モト　　　　火の元。／法の下の平等。／会社の基を築く。／スープの素。

21. ワザ　　　　至難の業。／技を磨く。

22. ワズラう　　思い煩う。／胃腸を患う。

23. アイカン　　人生の哀歓を味わう。／哀感を覚える。

24. アンショウ　交渉が暗礁に乗り上げた。／詩を暗唱する。

25. イガイ　　　関係者以外立入禁止。／意外な展開。

26. イギ　　　　判決に異議を申し立てる。／意義ある学生生活。／同音異義語。

27. イシ　　　　意志の強い人。／故人の遺志。／意思表示。

28. イジョウ　　異常な行動。／検査結果に異状が認められる。／権限を委譲する。

29. イッカン　　首尾一貫した態度。／都市計画の一環としての工事。

30. イドウ　　　人事異動。／場所を移動する。／両者の異同を調べる。

31. エイセイ　　保健衛生に注意する。／人工衛星の打ち上げ。

32. カイコ　　　懐古趣味。／往事を回顧する。／不況で解雇される。

33. カイシン　　大化の改新。／改心して仕事に精を出す。／会心の笑みを浮かべる。

34. カイソウ　　回想録。／店内を改装する。／社会の中の様々な階層。

35. カクシン　　保守と革新の対立。／事件の核心。／勝利を確信する。

36. カイホウ　　仕事からの解放感。／開放的な性格。／病人を介抱する。

知識編 第6回 同音・同訓異義語の使い分け

その3

1. **カテイ** 　成長過程。／高校の課程を修了する。／雨が降ると仮定しての準備。

2. **カンシュウ** 　地域の慣習に従う。／ホールの大観衆。／辞典の監修をする。

3. **カンショウ** 　内政干渉。／音楽鑑賞。／観賞用の植物。／感傷に浸る。／緩衝地帯。

4. **カンシン** 　政治に関心を持つ。／正直で感心な少女。／上司の歓心を買う。

5. **キカン** 　消化器官。／期間限定商品。／雪で交通機関が混乱する。

6. **キセイ** 　既成の事実。／帰省列車。／既製品。／交通規制。／政治資金規正法。

7. **キテン** 　東海道本線の起点。／とっさに機転を利かせる。／ゼロを基点とする。

8. **キョウイ** 　敵に脅威を与える。／驚異的な記録。／身体検査で胸囲を測る。

9. **キョウコウ** 　ストライキを強行する。／世界恐慌。／強硬に反対する。

10. **キョウセイ** 　強制保険。／背骨を矯正する。／自然との共生。

11. **キョウチョウ** 　重要性を強調する。／協調性を養う。

12. **ケイチョウ** 　問題の軽重を問う。／彼の意見は傾聴に値する。／慶弔電報。

13. **ケントウ** 　健闘を祈る。／おおよその見当をつける。／問題点を検討する。

14. **コウイ** 　勇気ある行為。／C君に好意を寄せる。／友人の厚意に感謝する。

15. **コウエン** 　公園で遊ぶ。／政治家の後援会。／作家の講演を聞く。／定期公演。

16. **コウキ** 　逆転の好機。／好奇心のかたまり。／高貴な身分。／綱紀粛正(しゅくせい)。

17. **コウセイ** 　会社更生法。／厚生省。／公正な判決。／後世に名を残す。
番組の構成。／原稿を校正する。／攻勢をかける。

18. **コジ** 　孤児院。／故事成語。／勢力を誇示する。／会長就任を固辞する。

19. サイゴ　　　最後の切り札。／最期を看取る。

20. サイケツ　　予算案を採決する。／病院で採血される。／裁決を下す。

21. サイシン　　細心の注意を払う。／海外の最新情報。

22. シキュウ　　至急ご連絡ください。／ボーナスを支給する。

23. シジ　　　　指示に従う。／彼を支持する。／B教授に師事する。

24. シュウチ　　周知の事実。／衆知を結集する。／羞恥心。

25. ショウカイ　自己紹介。／身元を照会する。

26. シンギ　　　真偽がはっきりしない。／慎重に審議する。／信義を重んじる。

27. シンコウ　　信仰の自由。／新興宗教。／親交を深める。／軍隊を侵攻させる。

28. セイコウ　　精巧な偽物。／実験が成功する。／穏和な性向。

29. セイサン　　運賃を精算する。／借金を清算する。／試合に勝つ成算がある。

30. セイソウ　　正装で参列する。／盛装した女性。／教室の清掃をする。

31. ソウイ　　　見解の相違。／生徒の総意を結集する。／創意工夫。

32. ソウゾウ　　想像した通りの結果。／新たな芸術の創造。

33. タイショウ　研究対象。／左右対称。／対照的な二人の性格。

34. チョウシュウ　軍に徴集される。／会費の徴収。／聴衆を魅了する演奏。

35. ヒッシ　　　必死に勉強する。／戦争突入は必至の情勢。

36. フキュウ　　不眠不休。／不朽の名作。／広く庶民に普及する。

37. フヘン　　　不偏不党。／人類普遍の概念。／不変の真理。

38. ホショウ　　保証人。／国が損害を補償する。／安全保障。

知識編 第7回 類義語の使い方

1. **案外／意外** 　<u>案外</u>気が小さい人。／<u>意外</u>な展開にとまどう。

2. **安全／無事** 　交通<u>安全</u>に気を付ける。／<u>無事</u>帰還した。

3. **異議／異存** 　提案に<u>異議</u>を唱える。／決議に<u>異存</u>はない。

4. **委託／代理** 　経費削減のため事務を<u>委託</u>する。／会議に<u>代理</u>で出席する。

5. **一族／一門** 　お盆には<u>一族</u>が集まる。／悪さをして<u>一門</u>から破門される。

6. **一生／終生** 　<u>一生</u>のうちに一度は食べたい物。／<u>終生</u>固い絆で結ばれていた。

7. **陰謀／計略** 　当時の<u>陰謀</u>が明らかになる。／会議の成功のために<u>計略</u>をめぐらす。

8. **腕前／手腕** 　料理の<u>腕前</u>はプロ顔負けだ。／会社経営に<u>手腕</u>を発揮する。

9. **運営／運用** 　<u>運営</u>費を捻出する。／資産を<u>運用</u>する。

10. **運勢／運命** 　来年の<u>運勢</u>。／他人の<u>運命</u>をにぎる。

11. **運送／運輸** 　仕事は<u>運送</u>業だ。／<u>運輸</u>システムの確立。

12. **永遠／永久** 　<u>永遠</u>の美しさを求める。／背番号が<u>永久</u>欠番となる。

13. **会得／理解** 　絵の技術を<u>会得</u>する。／<u>理解</u>に苦しむ行動。

14. **援助／加勢** 　被害を受けた地域に<u>援助</u>の手を。／東軍から<u>加勢</u>の要請を受ける。

15. **延期／順延** 　期末試験は<u>延期</u>する。／運動会は雨天<u>順延</u>。

16. **奥義／秘伝** 　<u>奥義</u>を極める。／<u>秘伝</u>のスープの調合法。

17. **横着／怠惰** 　<u>横着</u>をして作業の手抜きをする。／<u>怠惰</u>な生活習慣を改める。

18. **解説／説明** 　ニュースの<u>解説</u>者。／開示できない理由を<u>説明</u>する。

19. **改善／改良** 　システムを<u>改善</u>する。／土壌を<u>改良</u>する。

20. 環境(かんきょう)／境遇(きょうぐう)　文化祭のテーマは環境である。／不幸な境遇におかれる。

21. 看護(かんご)／看病(かんびょう)　病院で手厚い看護を受ける。／家族の看病に疲れ果てる。

22. 危機(きき)／危険(きけん)　地球環境は危機的な状況にある。／危険を冒しての挑戦。

23. 許可(きょか)／認可(にんか)　許可を得て外出する。／大臣の認可が必要だ。

24. 技量(ぎりょう)／才覚(さいかく)　すぐれた技量の持ち主。／商売の才覚を発揮する。

25. 苦心(くしん)／苦労(くろう)　苦心の末の発明。／苦労して勉強する。

26. 経験(けいけん)／体験(たいけん)　経験を積んで再チャレンジする。／農家の仕事を体験する。

27. 倹約(けんやく)／節約(せつやく)　質素倹約を奨励する。／中火でお湯を沸かしてガスを節約する。

28. 原因(げんいん)／理由(りゆう)　再発防止のために原因究明を行う。／授業欠席の理由書を提出する。

29. 向上(こうじょう)／進歩(しんぽ)　彼は向上心が強い。／毎年進歩の跡が見られる。

30. 細心(さいしん)／綿密(めんみつ)　細心の注意を払って実行される。／綿密に計画されたプロジェクト。

31. 作法(さほう)／礼儀(れいぎ)　食事の作法を教わる。／礼儀を知らない人。

32. 習慣(しゅうかん)／風習(ふうしゅう)　早寝早起きを習慣づける。／この地方独特の風習。

33. 熟読(じゅくどく)／精読(せいどく)　時間をかけて熟読する。／文学研究は本文の精読から始まる。

34. 征服(せいふく)／鎮圧(ちんあつ)　武力で他国を征服する。／内乱を鎮圧する。

35. 独占(どくせん)／寡占(かせん)　恋人の心を独占する。／市場の寡占化が進行中である。

36. 突然(とつぜん)／不意(ふい)　突然の訪問に驚いた。／不意打ちをくらってびっくりする。

37. 不朽(ふきゅう)／不滅(ふめつ)　不朽の名作。／永遠に不滅の友情。

38. 分離(ぶんり)／分裂(ぶんれつ)　水と油が分離する。／細胞が分裂する。

39. 返還(へんかん)／返却(へんきゃく)　占領されていた土地が返還される。／借りていた本を返却する。

知識編 第8回 *対義語の使い方*

1. 暗愚—賢明　　暗愚な君主。／賢明な家臣。

2. 異化—同化　　常識的な考えを異化する。／日本の風習に同化する。

3. 遺失—拾得　　大切なものを遺失する。／拾得物を交番に届ける。

4. 依存—自立　　親への依存。／親からの自立。

5. 一般—特殊　　一般的な話。／特殊な事情がありそうだ。

6. 違反—遵守　　交通違反を繰り返す。／法を遵守する。

7. 鋭敏—愚鈍　　何気ない言葉に鋭敏に反応する。／彼の愚鈍さが腹立たしい。

8. 横柄—謙虚　　横柄な態度で不快にさせる。／謙虚な気持ちで受け止める。

9. 解雇—雇用　　不況で会社を解雇される。／不況下にも関わらず雇用される。

10. 快楽—苦難　　快楽に身をゆだねる。／苦難の道を敢えて進む。

11. 架空—実在　　ゴジラは架空の存在だ。／実在の人物をモデルにする。

12. 過失—故意　　偶然の過失に困惑する。／故意に花瓶を壊す。

13. 過疎—過密　　過疎化が進む。／過密なスケジュール。

14. 華美—質素　　華美な服装は避ける。／質素倹約を心がける。

15. 歓喜—悲哀　　歓喜の輪の中にいる。／サラリーマンの悲哀を噛みしめる。

16. 干渉—放任　　干渉しすぎの教育委員会。／放任しすぎの親。

17. 寛大—厳格　　寛大な処分を望む。／厳格な親に育てられる。

18. 既知—未知　　既知の間柄。／未知の地球外生命体。

19. 強制—任意　　強制連行される。／任意同行を求められる。

20. 虚偽—真実　虚偽の報告で逮捕される。／真実は本当に一つなのか。

21. 極端—中正　極端なたとえ話。／立場の中正さを保つ。

22. 曲論—正論　また政治家が曲論を展開している。／正論が通るとは限らない。

23. 義務—権利　納税の義務を負う。／教育を受ける権利がある。

24. 具体—抽象　わかりやすい具体例での説明。／抽象的思考を鍛える。

25. 軽率—慎重　軽率な行動は慎むように。／慎重の上にも慎重を期する。

26. 結果—原因　結果を恐れてはいけない。／災害の原因は人為的なミスだ。

27. 現実—理想　現実に押しつぶされそうになる。／理想は高く。

28. 原則—例外　まず原則の理解からはじめる。／例外的な現象に振り回される。

29. 差別—平等　理不尽な差別。／法の下の平等。

30. 支出—収入　予想外の支出。／好況の影響で収入が大きく伸びる。

31. 自然—人工　自然保護を徹底する。／人工物に囲まれた生活。

32. 従属—独立　経済面で従属的立場におかれる。／就職を機に親から独立する。

33. 消費—生産　消費者を保護する。／注文が多くて生産が追いつかない。

34. 絶対—相対　絶対的な力の差。／美の基準なんて相対的なものだ。

35. 創造—模倣　天地創造神話。／師匠の技術は模倣して盗め。

36. 淡泊—濃厚　淡泊すぎる性格。／濃厚な味に仕上がっている。

37. 文明—野蛮　文明開化の時代。／野蛮な行為。

38. 保守—革新　保守的な考え方。／技術革新が起こる。

39. 優雅—粗野　優雅な振る舞い。／粗野な態度。

知識編 第9回 定型表現・慣用句

1. **頭が上がらない** 負い目や弱みのために、対等に振る舞えないこと。

2. **頭ごなし** 相手の言い分を聞かず、はじめから決めつけること。

3. **足を掬(すく)う** 思いがけない手段で、相手を失敗させること。

4. **勇み足** 調子づき、勢いに乗って、失敗する意。

5. **板に付く** 経験を積んで、職業や任務などがその人にふさわしい感じになること。

6. **意に介さない** 少しも気にかけないこと。

7. **鵜(う)呑(の)みにする** 人の言葉の真偽などを、よく考えもせず、そのまま受け入れる意。

8. **腕によりをかける** 腕前を示そうと、勢い込むこと。

9. **襟(えり)を正す** 気持ちを引き締めて、事に当たること。

10. **及び腰** 自信がなくて、どうしたらよいかわからずにいる様子。

11. **角(かど)が取れる** 年を重ねたり、苦労をしたりして、以前と違って温和になること。

12. **支障を来(きた)す** 物事がはかどらなくなること。

13. **尻馬(しりうま)に乗る** 無批判に他人のすることに便乗して何かをすること。

14. **手を焼く** 対処や処理に苦労すること。

15. **手塩にかける** 一から面倒をみて養育すること。

16. **掌(てのひら)を反(かえ)す** 極端に態度を変える様子。

17. **二の足を踏む** ためらうこと。どうしようかと迷うこと。

18. **鼻をあかす** 自己満足している者を出し抜くこと。

19. **的を射る** 要点を押さえていること。

20. らちが明かない　決着がつかないで、いつまでも、もたもたしていること。

21. 若気(わかげ)の至り　若者の無分別の結果。

22. 我が物顔　周囲に遠慮することなく、威張って振る舞う様子。

23. 揚げ足を取る　相手の言い損ないをとらえ、非難したりからかったりすること。

24. あごで使う　横柄な態度で人を使う。

25. 足元を見る　弱みにつけ込む。

26. 痛くもない腹を探られる　身に覚えのない疑いをかけられること。

27. お茶を濁す　いい加減にその場をごまかす。

28. 気が置けない　気を使ったり遠慮したりする必要がなく、気楽につきあえる。

29. 釘を刺す　後でもめ事が起こらないように、あらかじめ注意し念を押すこと。

30. 首が回らない　お金のやりくりがつかない。

31. 敷居が高い　不義理なことなどをしていて、その人の家に行きにくい。

32. 立て板に水を流す　すらすらとよどみなくしゃべることのたとえ。立て板に水とも。

33. 歯が浮く　軽薄な言動を見聞きして不快に感じる。

34. 歯に衣(きぬ)着せぬ　ありのままにものを言う。

35. 右に出る者がない　その人にまさる者がない。

36. 水をあける　優劣の差をはっきりつけること。

37. 水をさす　親しい仲を裂く。または物事の邪魔をする。

38. 目から鼻に抜ける　非常に賢い。

39. 槍玉(やり)に上げる　多くの中から選び出して非難や攻撃の対象にすること。

115

知識編 第10回 慣用句・ことわざ

その1

1. **早起きは三文の得**　早起きすることは体にもよく、何かと得することがある。

2. **後の祭り**　時機が外れてもう何の意味もなくなったこと。

3. **油を売る**　無駄話などをして仕事をさぼること。

4. **雨降って地固まる**　事件が起きた後、かえって前よりも事態が安定すること。

5. **生き馬の目を抜く**　油断も隙もないこと。きわめてすばやく抜け目なく立ち回ること。

6. **石の上にも三年**　辛抱すれば報いられる。

7. **石橋をたたいて渡る**　用心深く物事を進めていくこと。

8. **医者の不養生**　他人のためにばかり働いて自分の方がおざなりになること。
　　　　　　　　　　　　　　　　　　　　　　　　　　　　　　＝紺屋の白袴

9. **いたちごっこ**　両者が同じことを繰り返し、決着が付かないこと。

10. **命あっての物種**　生きていればこそ何でもできる。命が何より大切だということ。

11. **魚心あれば水心**　相手の気持ち次第でこちらもそれに応じる気持ちを持つ。

12. **雨後の筍**　似たような物が続々と出てくること。

13. **氏より育ち**　人間としての成長には出身よりも教育や環境が大事だということ。

14. **嘘から出たまこと**　嘘のつもりで言ったことが、後に真実になること。
　　　　　　　　　　　　　　　　　　　　　　　　　　　　　　＝ひょうたんから駒

15. **馬の耳に念仏**　いくら意見しても効き目がないこと。

16. **縁の下の力持ち**　目立たないところで苦労や努力をすること。またその人。

17. **岡目八目**（おかめはちもく）　傍観者の方が当事者よりも物事の善し悪しや真偽を正確に判断できる。

18. **蛙の子は蛙**　子は親に似る。
　　　　　　　　　　＝瓜の蔓（うりつる）に茄子（なす）はならぬ　←→鳶（とび）が鷹（たか）を生む

19. **かわいい子には旅をさせよ**　社会に出して苦労をさせた方がその子のためになる。

20. **邯鄲の夢**（かんたん）　人の世の栄枯盛衰は夢のようにはかないものだということ。
　　　　　　　　　　　　　　　　　　　　　　　　　　　　　　　　　　　　＝一炊の夢

21. **塞翁が馬**（さいおう）　幸不幸は変化が多く、予測がつかないことのたとえ。
　　　　　　　　　　　　　　　　　　　　　　　　　　　　　＝禍福（かふく）はあざなえる縄のごとし

22. **杞憂**（きゆう）　余計なことをあれこれと思い悩むこと。取り越し苦労。

23. **臭いものに蓋**（くさ・ふた）　嫌なことが外に漏れないよう、一時しのぎに隠すこと。

24. **口は災いの元**　不注意な発言はいざこざの原因になる。
　　　　　　　　　　　　　　　　　　　　　　　　＝雉（きじ）も鳴かずば打たれまい

25. **鶏口となるも牛後となるなかれ**（けいこう・ぎゅうご）　大きな集団の末位にいるよりは、小さな集団でもその長になった方がよい。鶏口牛後とも。

26. **怪我の功名**（けが・こうみょう）　誤って、あるいは何気なくしたことが思いもよらぬよい結果を招くこと。

27. **逆鱗に触れる**（げきりん）　目上の人をひどく怒らせる。

28. **郷に入っては郷に従え**（ごう）　その土地の習慣に従って生活するのが一番よい。

知識編 第11回 ・慣用句・ことわざ・

その2

29. **後悔先に立たず** 事が終わった後で悔やんでも何にもならない。

30. **猿も木から落ちる** 達人でも時には失敗する。
　　　　　　　　　　　　＝河童の川流れ・弘法も筆の誤り

31. **三人寄れば文殊の知恵** 平凡な人間でも何人も集まれば優れた考えが浮かぶ。

32. **初心忘るべからず** 物事を始めたときの真剣な気持ちを持ち続けなければいけない。

33. **杜撰** 物事の仕方がいい加減なこと。

34. **立つ鳥跡を濁さず** 立ち去るとき後が見苦しくないように始末する。

35. **玉に瑕** 非常に立派なものにある、ほんのわずかな欠点。

36. **虎の威を借る狐** 有力者の権威を後ろ盾にして威張ること。また、その者のたとえ。

37. **虎の尾を踏む** 非常に危ないことをするたとえ。

38. **捕らぬ狸の皮算用** 当てにならないことを当てにして計算したり、期待すること。

39. **情けは人のためならず** 人に親切にしておけば、巡り巡って自分によい報いがある。

40. **生兵法は大怪我のもと** 中途半端な知識や技能では失敗する。

41. **二足の草鞋** 二つの立場や職業を一人が兼ねること。

42. **二兎を追う者一兎をも得ず** 同時に二つのことをしても、結局どちらも成功しない。

43. **二番煎じ** 前の繰り返しでもう独自性がないこと。

44. 猫に小判　貴重なものの価値が分からないことのたとえ。
　　　　　　　　　　　　　　　　　　　　　　　　　　＝豚に真珠

45. 猫の額　土地などがとても狭いことのたとえ。

46. 喉元過ぎれば熱さ忘れる　苦しみもその時さえ過ぎればすぐに忘れてしまう。

47. 暖簾に腕押し　少しも手応えがないことのたとえ。
　　　　　　　　　　　　　　　　　　　　　　　　　　＝糠に釘

48. 火のないところに煙は立たぬ　それなりの根拠や原因のないところに噂は立たない。

49. 一つ穴の狢　同じたくらみに関与している者。

50. 覆水盆に返らず　一度してしまったことは取り返しがつかないことのたとえ。

51. 枚挙にいとまがない　多すぎて一つ一つ数え切れない。

52. 身から出た錆　自分のしたことから受ける災難。
　　　　　　　　　　　　　　　　　　　　　　　　　　＝自業自得

53. ミイラ取りがミイラになる　人を捜しに出た者がそのまま戻ってこない。転じて、相手を引き入れようとして逆に相手側に引き入れられること。

54. 矛盾　つじつまの合わないこと。

55. 餅は餅屋　物事にはそれぞれ専門家がおり、素人にはとてもかなわないということ。

56. 羊頭を掲げて狗肉を売る　表面だけ立派に見せかけて、実質が伴わないこと。見かけ倒し。羊頭狗肉とも。

57. 李下に冠を正さず　疑いを受けやすいことをするべきでない。
　　　　　　　　　　　　　　　　　　　　　　　　　　＝瓜田に履を納れず

知識編 第12回 四字熟語

1. 曖昧模糊（あいまいもこ）　あやふやではっきりしないこと。

2. 唯々諾々（いいだくだく）　事柄の善悪にかかわらず他人の言うなりになること。

3. 意気消沈（いきしょうちん）　気持ちが沈んで元気のない様子。⟷ **意気揚々**　得意になり誇らしい様子。

4. 異口同音（いくどうおん）　大勢の人が口をそろえて同じことを言うこと。人々の意見が一致すること。

5. 以心伝心（いしんでんしん）　言葉ではなく、心から心へ伝えること。黙っていても意志が通じ合うこと。

6. 一期一会（いちごいちえ）　一生に一度限りのこと。一生に一度限りの出会いのこと。

7. 一喜一憂（いっきいちゆう）　喜んだり心配したりすること。

8. 一挙両得（いっきょりょうとく）　一つの行為で二つの利益を得ること。　＝一石二鳥

9. 一触即発（いっしょくそくはつ）　ほんの少し触るだけですぐに爆発しそうな危険な状態。

10. 一朝一夕（いっちょういっせき）　ひと朝、ひと晩の意から、ほんのわずかな時間。

11. 一刀両断（いっとうりょうだん）　きっぱりとものの処置をつけること。

12. 因果応報（いんがおうほう）　人間の行為の善悪に応じて、その報いがあるということ。

13. 紆余曲折（うよきょくせつ）　まがりくねるという意味から、事情が複雑であること。

14. 栄枯盛衰（えいこせいすい）　運命の栄えることと衰えること。

15. 温故知新（おんこちしん）　古いことを学ぶことによって新しい知識を拓くこと。

16. 我田引水（がでんいんすい）　自分の都合のよいように自分で取りはからうこと。

17. 危機一髪（ききいっぱつ）　危険が髪の毛一本ほどのところに迫っていること。大変あぶない状況。

18. 疑心暗鬼（ぎしんあんき）　疑う心があると何でもないことまでが恐ろしく思えること。

19. 急転直下（きゅうてんちょっか）　状況が突然変わること。

20. 玉石混淆（ぎょくせきこんこう）　　すぐれたものと劣ったものとが混じり合っていること。

21. 荒唐無稽（こうとうむけい）　　言うことがでたらめで根拠のないさま。

22. 五里霧中（ごりむちゅう）　　何の手がかりもなく見当もつかないこと。

23. 言語道断（ごんごどうだん）　　もってのほかだというさま。あきれて言葉も出ないようなひどい様子。

24. 自画自賛（じがじさん）　　自分の絵に自分で誉め言葉を書く意から、自分で自分を誉めること。

25. 自家撞着（じかどうちゃく）　　自分の言行が食い違うこと。

26. 自業自得（じごうじとく）　　自分がした悪い行いの報いを自分で受けること。

27. 四面楚歌（しめんそか）　　周囲は敵ばかりで、孤立無援の状態にあること。

28. 針小棒大（しんしょうぼうだい）　　針ほどの小さなものを、棒のように大げさにいうこと。

29. 大同小異（だいどうしょうい）　　少しの違いはあっても、全体的には大きな違いはほとんどないこと。
　　　　　　　　　　　　　　　　＝五十歩百歩

31. 単刀直入（たんとうちょくにゅう）　　前置きなしで直接本題を切り出すこと。

32. 電光石火（でんこうせっか）　　非常に短い時間のたとえ。また、非常に迅速な行動のこと。

33. 二律背反（にりつはいはん）　　同一の命題から、矛盾する二つの判断が導き出されること。

34. 美辞麗句（びじれいく）　　うわべだけをかざった美しい言葉。

35. 付和雷同（ふわらいどう）　　自分に定まった考えがなく、すぐに他人の意見に賛同すること。

36. 傍若無人（ぼうじゃくぶじん）　　そばに人がいないかのように、自分勝手に振る舞うこと。

37. 茫然自失（ぼうぜんじしつ）　　意外な出来事になす術もなくぼんやりとしている様子。

38. 優柔不断（ゆうじゅうふだん）　　ぐずぐずしていて決断力が足りないこと。

39. 有名無実（ゆうめいむじつ）　　名ばかりが立派で、その実質が伴わないこと。

40. 臨機応変（りんきおうへん）　　その場その場の状況に合わせて適切な対応をしていくこと。

知識編 第13回 仮名づかい・送り仮名の使い方

A 仮名づかい

1. 助詞の「ワ・エ・オ」は、「は・へ・を」と書く。

   ・私は金沢へ行き、おいしいカニを食べる。
   （例外）いま<ruby>わ<rt>きわ</rt></ruby>の際　　　美しいわ　　　雨は降るわ風は吹くわ

2. 二語連合・同音連呼の「ジ・ズ」は「ぢ・づ」と書く。

はなぢ（鼻血）	まぢか（間近）	かいづか（貝塚）
はづき（葉月）	そこぢから（底力）	みかづき（三日月）
かんづめ（缶詰）	わるぢえ（悪知恵）	てぢか（手近）
きづかれ（気疲れ）	こづつみ（小包）	かたづけ（片付け）
つくづく	つづる（綴る）	こころづくし（心尽くし）
つづら（葛）	みやづかえ（宮仕え）	つづく（続く）
ちゃづつ（茶筒）	ちぢむ（縮む）	つづみ（鼓）

   （例外）
うなずく	つまずく	いなずま（稲妻）	ゆうずう（融通）
いちじく	せかいじゅう（世界中）	いちじるしい（著しい）	

3. オ列の長音（のばす音）は「う」と書く。

きのう（昨日）	ひこうき（飛行機）	おうぎ（扇）

   （例外）
オオカミ（狼）	とおる（通る）	おおい（多い）
おおせ（仰せ）	こおり（氷）	とおい（遠い）
おおう（覆う）	とお（十）	おおきな（大きな）
もよおす（催す）	いきどおる（憤る）	とどこおる（滞る）

4. 「言う」は「いう」と書き、「ゆう」とは書かない。

B 送り仮名

1. 活用のある語は、活用語尾を送る。

書く	実る	<ruby>陥<rt>おとしい</rt></ruby>れる	<ruby>承<rt>うけたまわ</rt></ruby>る
考える	助ける	満ちる	荒い
<ruby>潔<rt>いさぎよ</rt></ruby>い	賢い	濃い	<ruby>主<rt>おも</rt></ruby>に

(例外1)「し」を含む形容詞は「し」から送る。

美しい　　著しい　　惜しい　　悔しい

(例外2)「か・やか・らか」を含む形容動詞は「か・やか・らか」から送る。

暖かだ　　穏やかだ　　明らかだ

2. 漢字の読みの部分が一致するように送る。

動く―動かす　照る―照らす　語る―語らう　生む―生まれる
押す―押さえる　積む―積もる　聞く―聞こえる　起きる―起こる
暮らす―暮れる　当てる―当たる　若い―若やぐ　悲しい―悲しむ

3. 名詞は送らない。

月　　花　　山　　女　　何

(例外)
一つ　　幾つ　　動き　　辺り　　哀れ
勢い　　災い　　後ろ　　傍ら　　幸い
幸せ　　互い　　便り　　半ば　　斜め
独り　　誉れ　　自ら

4. 副詞・連体詞・接続詞は、最後の音節を送る。

必ず　　更に　　少し　　既に
再び　　全く　　最も　　来る
去る　　及び　　且つ　　但し

(例外)　明くる　　大いに　　直ちに　　並びに　　又

5. 慣用的表記は尊重する。

関取　　取締役　　博多織　　振替
書留　　消印　　踏切　　両替
手当　　組合　　建物　　売上高
取扱所　　乗組員　　待合室　　申込書
受付係　　献立　　字引　　合図

6. 誤読・難読を避ける。

覚える―覚ます　試みる―試す　細い―細かい
危ない―危うい　弱まる―弱る　情―情け
焦げ―焦り　潜む―潜る　凍る―凍える

知識編 第14回 🔸領域別　言葉の知識🔸

政治・経済・国際

APEC　Asia-Pacific Economic Cooperation Conference　アジア・太平洋経済協力会議　アジア・太平洋圏の経済協力を強めることを目的に、太平洋を囲む主要な国・地域が参加する閣僚会議。EUなどの世界経済のブロック化に対抗する意図があると言われる。

ASEAN　Association of South-East Asian Nations　東南アジア諸国連合　東南アジア地域の安定確保や技術協力を目的として発足した組織。2007年現在、加盟国はインドネシア、マレーシア、シンガポール、フィリピン、タイ、ブルネイ、ベトナム、ミャンマー、ラオス、カンボジアの10カ国。

NPT　Nuclear Non-Proliferation Treaty　核拡散防止条約　核兵器を保有する国を増やさないことを目的とした条約。1968年以降、批准国は新たに核兵器を持たないこと、核兵器に関する技術協力などもしないことで合意した。（この時点での核保有国アメリカ、旧ソ連、イギリス、フランス、中国の5カ国を除く。）

IAEA　International Atomic Energy Agency　国際原子力機関　原子力の平和利用を促進し、軍事転用されないための保障措置を義務づけ査察を実施する国際機関である。2005年度のノーベル平和賞をエルバラダイ事務局長とともに受賞した。

EU　European Union　ヨーロッパ連合　ヨーロッパ地域の経済強化や安定確保などを目的として発足した組織。2007年現在の加盟国は27カ国。中央銀行（ECB）設立、単一通貨ユーロの導入、対外政策に関わる合意などにより経済政治両面での統合を目指す。

ODA　Official Development Assistance　政府開発援助　政府やその援助機関による、発展途上国の経済開発や福祉向上のための援助。資金協力や人材協力など。

南北問題　北米、西欧など北半球に位置している多くの先進国と、南半球に位置する多くの発展途上国との経済格差問題。第2次世界大戦以前の先進国による植民地政策に由来することが多い。この解決を目的として国連貿易開発会議 UNCTAD（United Nations Conference on Trade and Development）が設置された。

BRICs　ブリックス　経済発展が著しい4ヶ国（ブラジル Brazil、ロシア Russia、インド India、中国 China）の総称。南アフリカ South Africa を入れて BRICS、インドネシア Indonesia を加え BRIICS とも表記される。経済新興国の総称には他に IBSAC、VISTA、Next Eleven（ネクストイレブン）など。

GDP　Gross Domestic Product　国内総生産　1年間に純粋に国内で生産された財やサービスを推計したもの。国内経済の景気変動や経済成長を判断する指標となる。なお GNP（国民総生産）はその国に1年以上居住する者の最終生産物。

GNH　Gross National Happiness　国民総幸福量　国民総生産にかわる概念として、ブータン王国第4代国王ジグミ・シンゲ・ワンチュクにより提唱される。国家の目標は、経済一辺倒の発展ではなく、国民の幸福を最大限に導くことにあるとする。

NGO　Non-Governmental Organization　非政府組織　特定の国家と関わりを持たず、非営利主義に基づいて、途上国の援助などの活動をする民間団体。

NPO　Nonprofit Organization　民間非営利組織　社会貢献活動や慈善活動を非営利で行う市民団体。狭義では特定非営利活動促進法により法人格を得た団体（NPO法人）。

WTO　World Trade Organization　世界貿易機関　自由貿易促進を主たる目的として作られた国際機関。1995年1月1日にGATTを発展解消させて成立した。地域・関税同盟など関税領域を含む発足時加盟国の数は77。2008年1月1日現在の加盟国数は150。

PL法　Product Liability(製造物責任)法　企業が製造、販売した製品の欠陥によって、消費者が損害を受けた場合、製造者にその損害を賠償させる法律。日本では1994年に法制化された。

クーリングオフ制度　勧誘されていったん物を購入する契約をしてしまっても、一定の期間内であれば、書面によって契約を破棄できるという消費者保護制度。

リコール　①地方公共団体の有権者が、不適任と判断した特別職の公務員について、罷免、解職を要求できる制度。　②製造、販売した商品に欠陥が見つかった場合、製造者が無償で回収、交換などに応じる制度。

無党派層　政治に関心はあるが、既成政党への不信感があるため、特定の支持政党を持たない有権者の総体。

債務・債権　借金を返さなければならない義務・借金を返してもらう権利。

国債・公債　国、政府関係機関、地方公共団体が、収入の不足を補うために行う借金。有価証券として発行され、金融市場に出る。

知的所有権　人間の知的創作活動の成果を保護する権利の総称。特許・実用新案・意匠・商標などの工業所有権と音楽・出版物・コンピュータソフトなどの著作権とがある。

独占禁止法　私的独占の禁止および公正取引の確保に関する法律。市場経済における自由な競争を確保するため、1947年に制定された。私的独占・不当な取引制限・不公正な取引方法の禁止を柱とする。公正取引委員会によって運用されている。

オープン価格　製品に対して、メーカーが希望小売価格（標準小売価格）を設定するのではなく、小売店側が自由に価格を決めるようにした制度（価格）のこと。

ベンチャービジネス　技術開発を柱に、積極的な事業をめざす企業のこと。先端技術や新しいサービス形態によって、ニュービジネスを展開しようとする中堅企業が多い。

自己破産　債務が重なって、全財産を充ててもすべての支払いが不能になったとき、自ら裁判所に申し立てて宣告を受ける破産のこと。宣告を受けると、すべての財産の管理は選任された管財人によって行われる。

リストラ　Restructuring　リストラクチュアリング　不況による企業環境の変化に対応するために行われる、企業組織の見直しと再編成。企業間の買収や合併、人員の削減や新規採用の抑制、非採算事業からの撤退などの改革が行われる。

電子マネー　貨幣的価値を伴った電子媒体。コンピュータのメモリを使ったネットワーク型、ICカード型などがある。非接触型ICカード技術（Felica）を利用したプリペイド型電子マネーEdy、Suica、ポストペイ型のPitapaなどにより利用が拡大している。

インサイダー　insider　組織や集団の内部にいる人。内部の事情に通じている人。また、その内部者による不正取引の意でインサイダー取引を指す。企業の内部者が会社の重要な未公開情報を用いて有価証券取引などを行い、利益を上げること。

社会起業家　社会的企業家（ソーシャル・アントレプレナー　Social　Entrepreneur）とも。社会福祉と起業という相反するふたつを組み合わせた造語。社会変革の担い手として、社会の課題を、事業により解決する人のことをいう。

知識編 第15回　領域別　言葉の知識

環境・情報

- **バイオテクノロジー**　biotechnology　生命工学　遺伝子工学、細胞工学とも呼ばれる。生命の仕組みを解明し、利用していこうとするもの。伝統的に行われてきたアルコールなどの発酵技術をはじめ、遺伝子組み替えや細胞レベルの変化作用など、高度に発達しつつあり、応用される分野も広がっている。

- **代替エネルギー**　現在のエネルギー消費の中心である石油に変わるエネルギー。バイオ燃料（植物を原料とする燃料）や太陽光発電などがある。石油の埋蔵量にも限りがあること、また石油エネルギーの消費が地球環境の悪化とも関係があることなどから、その開発が急がれている。

- **バイオ燃料**　化石燃料に対して、植物を原料とする燃料のこと。農作物や生ごみなどの有効利用や、原料となる植物を育てる際の二酸化炭素の吸収など、地球温暖化対策の一つとして期待されているが、食料の安定供給を脅かす可能性なども懸念されている。

- **放射性廃棄物**　放射性物質を含む廃棄物。原子炉、核燃料製造工場などから出される。人体などへの影響が強く、化学的処理を加えないと廃棄できないが、そうした技術や安全面の問題には、未解決の事柄も多い。

- **生態系**　自然環境と、そこに生息する生物とがつくりだしているシステム。人間の経済活動や、それによって生じる廃棄物、合成物質は、生態系を変えてしまい、時には破壊してしまうこともある。

- **絶滅危惧種**　環境変化や乱獲、移入生物などが原因で絶滅寸前の状態になっている動植物の種のこと。生態系の保全の観点から保護が求められている。国際自然保護連合（IUCN）は「レッドリスト」を作成して、保護活動を展開している。

- **ダイオキシン**　dioxin　本来自然界では存在しない有機塩素化合物。工場の排水などから出るが、ゴミの焼却によっても発生する。様々な種類があり、毒性の強いものには、発ガン性があることが疑われている。生殖機能の異常などの原因とも言われる。

- **酸性雨**　通常の雨水はpH5.6の弱酸性だが、pHがそれより低く、酸性の強い雨を酸性雨と言う。工場や自動車から排出される硫黄酸化物、窒素酸化物が大気中で化学反応を起こすことによって生じる。森林などに深刻な影響を与える。

- **環境アセスメント**　大規模な開発事業に対して、環境に及ぼす影響を事前に調査・予測・評価すること。1997年に法制化された。国が実施または許認可権を持つ事業を対象に行われるようになったが、調査を行うのが事業者自身であるなど、実効性の問題を指摘する声もある。

- **グリーン・コンシューマー**　環境に配慮し、環境負荷の少ない消費生活を営もうと、商品の購入や廃案、リサイクルなどに工夫を凝らす消費者のこと。

- **オーガニック食品**　製造の過程で農薬や化学肥料、抗生物質などを一切使用していない食品。また、遺伝子組み替え品種を使用していない農産物、畜産物、およびその加工品。

- **ビオトープ**　biotope　「野生の生物が生息できる生態系を持った空間」が本来の意味だが、最近では主に、人間の手によって都市の中に造られた、植物や小動物が共生できる空間を指す。

地球温暖化　大気中の熱は宇宙に放出されるが、その熱を吸収する効果のあるガス（温室効果ガス、二酸化炭素などがある）の大気中の濃度が高まったことにより、地球全体の気温が上昇すること。生態系への影響をはじめ、異常気象、農林漁業への影響など世界規模の影響が心配されている。

京都議定書　1997年京都で開催された「気候変動枠組条約第3回締結国会議」で採択された議定書。2005年発効。2008年から12年の間に、二酸化炭素など6種類の温室効果ガスを対象に、1990年の排出量を基準から5％削減する各国別数値目標を定めた。

循環型社会　自然資源の有効活用や廃棄物の抑制などにより、自然への負荷をかけないことを目指した社会のこと。従来の大量生産・大量消費・大量廃棄型の社会に変わる新しいモデルとして提出された。

リサイクル　recycle　使用した製品を再利用したり、原材料に加工しなおして再利用したりすること。資源の有効利用や廃棄物の削減のために行われる。

ゼロ・エミッション　zero emission　産業廃棄物ゼロ計画。ある産業で排出される産業廃棄物を、他の産業の原料として使うといったシステムを推進し、地球全体の廃棄物をなくそうとする考え方。

ブログ　blog　継続して更新される日記形式のウェブサイトの総称。マスメディアを通さずに、個人の意見や専門的な知識を伝えることができ、とくにアメリカでは2001年の同時多発テロ以降、急速に広まったといわれる。

ブロードバンド　broadband　インターネットで通信を行う際に、広帯域を使ってデータを高速かつ大量にやりとりすること、またその通信回線（光ファイバーやADSLなど）。

e-mail　electronic mail　電子メール　インターネットを利用して、メッセージをやりとりするための仕組み。住所や宛名のかわりに電子メールアドレス（略称メアド）を使う。

検索エンジン　search engine　インターネットのウェブページ情報をデータベース化して、利用者が入力したキーワードや分類項目などから、必要な情報を取り出して表示するシステム。よく知られたものに、Google、Yahoo！、goo、infoseekなどがある。

情報セキュリティ　企業などの情報資産に関する機密性、完全性、可用性を確保すること。

SNS　Social Networking Service　ソーシャル・ネットワーキング・サービス　インターネットを使って、特定の興味関心をもつ人同士が出会う機会をつくり、情報交換ができるようにするサービスの総称。日本ではMixi（ミクシィ）が広く知られている。アメリカのYou Tubeのような動画投稿サイト、あるいは、動画共有サイトも含まれる。

ソフトウェア　software　コンピューターの機器そのものを言う「ハードウェア」（hardware）に対して、コンピューターを動かしたり、情報を処理したりする際に用いられるプログラムやそのための技術。

テクノストレス　techno-stress　情報化の波の中でうまく適応できない人々に、精神的・肉体的な障害となってあらわれるストレス。情報関連産業で働く人々に多く見られる。

Wikipedia　ウィキペディア　インターネット上で閲覧される百科事典。ブラウザーを用いて、インターネットサーバーにある情報の書き換えなどを行うシステムのひとつWiki（ハワイで使われるWikiwiki〈早い〉が語源）を利用した代表的サイト。

WWW　World Wide Web　コンピューターのネットワーク上にあるさまざまな情報を、誰もが利用できるようにした情報サービスシステム。

知識編 第16回 領域別 言葉の知識

福祉・生活・医療

AC　Adult Children　アダルトチルドレン　もとは、アルコール依存症の保護者のもとで育った人を指す言葉だが、最近では、不安定な家庭で育ち、それが原因となって心の問題を抱えている大人について用いられる。

アカハラ　academic sexual harassment　アカデミック＝セクシュアル＝ハラスメント　教育・研究機関におけるセクシュアルハラスメント。教育・研究機関の閉鎖性が遠因となって、企業などと同様、時にはそれ以上に、表に出にくい形で起きることが多い。

バリアフリー　barrier free　障壁・障害物がない状態のこと。

DV　Domestic Violence　ドメスティックバイオレンス　夫婦間、あるいは恋人同士などの親しい関係の中で行われる暴力。身体的暴力の他、無視や暴言などの精神的暴力、性交渉の強要などの性的暴力がある。

ドナーカード　死後（脳死の場合を含む）、臓器提供をする意思があるかどうかをあらかじめ示すためのカード。

ヒトゲノム　人が持っている遺伝子情報。人体の細胞の中にあるDNA(deoxyribonucleic＝デオキシリボ核酸) に記録されている塩基配列を解読することによって得られるとされている。

ホームヘルパー　何らかの障害によって、家庭において日常生活を営む際に支障がある人に対して介護サービスを行う人。

ホスピス　Hospice　緩和ケアを行うための施設、または在宅ケアのことを指す。「緩和ケア」とは、治癒ではなく、症状を和らげることを目的とし、QOL の実現に不可欠と考えられている医療のあり方である。

遺伝子治療　遺伝子工学の技術を用いた治療方法。細胞を取り出して遺伝子を組み替えたり、疾患を攻撃する遺伝子を直接体内に入れるなどの方法がある。様々な効果が期待されている一方、安全性など未解明の部分も多く、倫理的な問題も抱えている。

インフォームドコンセント　informed consent　医療行為が患者の権利を無視して行われないよう、医師が患者やその家族に対して、治療の目的や方法、副作用や治療費などについて十分に説明し、同意を得ること。

LD　Learning Disorders/Learning Disabilities　学習障害　知的発達は遅れていないのに、読む、書く、計算するといった特定の能力だけが低い状態。全児童の3％程度は存在すると考えられる。脳の中枢神経に何らかの機能障害があると推定されているが、日本では理解不足から、いじめや不登校の原因ともなっている。

リヴィングウィル　living will　自分の死のあり方について、生前に自分の意思を表明しておくこと。

メタボリック・シンドローム　Metabolic Syndrome　代謝症候群。通称メタボ。内臓脂肪型肥満に高血糖・高血圧・高脂血症のうち2つ以上を合併した状態。診断基準には曖昧な点も多く医療関係者からの批判も多いが、2008年4月より40歳～74歳の全ての健康保険加入者を対象に、メタボリックシンドロームの予防、早期発見を目的とした「特定健診・保険指導制度」が導入された。

ノーマライゼイション　normalization　高齢者や障害者などを分断・隔離したり、特別扱いしたりせず、普通の人々と共に、同様の生活を送れるようにしようという考え方。

脳死　生命維持装置によって呼吸は保たれているが、脳は働いておらず、機能の回復する見込みもない状態。臓器移植との関係で論議されることが多い。

PTSD　Post Traumatic Stress Disorder　心的外傷後ストレス障害　特定の体験によって生じた心理的影響が癒されず、心の傷（トラウマ＝心理的外傷）として残ったことにより、心身両面に様々な症状、障害があらわれてしまう状態。

パワハラ　パワー＝ハラスメント　和製英語。職場における権力や地位を利用して、上司から部下に対して行われる執拗な嫌がらせ。

QOL　Quality Of Life　クオリティ・オブ・ライフ　生活水準を単に物質的、経済的にとらえるのではなく、主体性の尊重や公正さの確保といった快適さ、すなわち「質」の向上の観点からとらえること。

セカンド・オピニオン　主治医以外の見解を求めるために別の医師の意見を聞くこと。患者の権利を守りつつ、インフォームド・コンセントを定着させる為に不可欠な要素。

性同一性障害　出生時に判定された性別と、本人の心理的な性別が一致しない状態。自分の身体に強い嫌悪感を抱くため、日常生活に支障をきたす場合もある。

セクハラ　sexual harassment　セクシュアル＝ハラスメント　職場などで地位を利用して性的関係を強要したり、性的言動などで環境を不快にしたりして人権を侵害すること。

シルバーマーク　民間企業から提供される高齢者向けサービスの中で、良質なものであると認められたものについて交付されるマーク。社団法人シルバーサービス振興会が定めた基準によっている。

新ゴールドプラン　1990年度に策定された介護のための施設整備、人材養成計画「高齢者保健福祉推進10ヶ年戦略」（ゴールドプラン）で掲げられた目標を、1995年度に見直して改めたもの。ホームヘルパーや特別養護老人ホームのベッド数などの目標数値を掲げている。

尊厳死　不治の病などで死期が迫ったとき、命を長らえるだけの医療行為を拒否し、自然な形で死を迎えること。困難な病気の患者が苦痛から逃れるために医療を中断したり、望んで何らかの処置をして死を早める安楽死とは異なる。

社会的入院　治療の必要性がない高齢者が、介護者がいないことや帰る家がないことなどを理由に、長期入院を余儀なくされること。

少子化　一人の女性が生涯に生む子どもの数を予測した指数（合計特殊出生率）が下がっている現象。この指数が2.1を下回ると人口が減少すると言われる。1975年に2.0を割って以来、減少が続いており、1998年には1.38であった。結婚年齢の上昇、独身者の増加、育児政策の不備など、様々な要因が推定される。

Vチップ　テレビに内蔵することによって、放送される過激な暴力シーンや性的描写など、子供に見せたくない場面を自動的にカットする半導体装置。アメリカでは1996年から導入が始まったが、日本での導入は1998年にいったん見送られている。

在宅ケア　従来の施設での社会福祉ではなく、自宅で介護や家事援助を受けられるような体制・サービスを指す。ホームヘルパーの派遣やデイ＝ケア施設の利用などが例としてあげられる。

附録　1

原稿用紙の使い方

以下の点は守りましょう。

① 書き出しは1字下げる。
② 改行の場合も1字下げる。
③ 句読点や（　）等は1マス取る。ただし行頭にそれらがくる場合は、前行最終マスに同居させる。

練習問題

1　次の文章を正しく音読し、原稿用紙に縦書きで書き直しなさい（原稿用紙を使用すること）。

> 『雨月物語』の各篇の魅力や主題については追々ふれるとして、一つだけ注意しておかなければならないことがある。『雨月物語』は怪談文学の白眉とされる。幽霊や妖異が登場する『雨月物語』が怪談であり、また怪異の場面の描写が優れていることも間違いはないが、幽霊や妖怪が恐怖を与えるところに『雨月物語』の真骨頂があるのではない。ことさらに凄惨な殺しの場面や、血みどろのおどろおどろしい描写は、『雨月物語』には皆無である。『雨月物語』の幽霊や妖怪たちは、人間と別の化け物ではない。いずれも現実の人間と同じように執着にとらわれ、苦悩をひきずる、弱い存在である。人間のあさましさと美しさを極端な形でわれわれに見せつけるゆえに、『雨月物語』の幽霊たちは、恐ろしくもあり、また哀れでもあるのである。それはわれわれ自身の、鏡に映った姿にほかならない。『雨月物語』の主人公は幽霊ではなく、あくまでも人間——われわれ自身である。
>
> （長島弘明著『雨月物語の世界』17～18頁、1998年、筑摩書房）

**　「白眉」「真骨頂」「凄惨」「皆無」「執着」の読みと意味を辞書で調べてみよう。

白眉（よみ　　　）：

真骨頂（よみ　　　）：

凄惨（よみ　　　）：

皆無（よみ　　　）：

執着（よみ　　　）：

2 次の文章のなかで、原稿用紙の使い方としてふさわしくないところを指摘しなさい。

　　私の部屋　　　　　　　　　　　　　　　　松田奈緒子

いま私が使っている部屋は、以前は兄の部屋だった。この春から、新しい主となった。兄が就職のため東京の部屋に移ったからである、今では兄がいないので、私がこの部屋にはいるのもなんとなく残っているのが、兄ののこした本や荷物があちこちに、その1番場所をとっているのが、木製の本箱だ。

ミステリ帯だが好きでいい兄のこと、京極夏彦、宮部みゆき、本外国作家のミステリえば、山本周五郎賞に勧めて、本に一最初「火車」を、私に、『山本周五郎賞』受賞者のしかし見つけられた。兄だった。「一くれをうけずけたもう一つ、音楽もスポーツも、そうした興味を持っていました。

もこの部屋はいつも、兄だった私の思い出につながる懐かしい空間でもあるわけだ。

No _____

履 歴 書　　　　年　月　日現在

ふりがな			性別
氏　名			

生年月日　　　年　月　日生（満　　才）

写真をはる位置

写真をはる必要が
ある場合
1. 縦36～40mm
   横24～30mm
2. 本人単身胸から上
3. 裏面のりづけ

ふりがな	電話
現住所　〒	市外局番(　　) ―

ふりがな	電話
連絡先　〒　　（現住所以外に連絡を希望する場合のみ記入してください）　　方	市外局番(　　) ―

年	月	学歴・職歴（各別にまとめて書いてください）

押印は廃止になっております　　　　　　　　　　　※印のところは〇でかこんでください

No _____

ふりがな	現住所 〒	電話 市外局番（　　）
氏　名		ー

取得年	月	免　許・資　格

好きな学科		志望の動機	
特　技			
所属クラブ等			
スポーツ 趣　味			

勤務開始可能日　　　　年　　月　　日から　　通勤時間　約　　　時間　　　分

本人希望欄 （希望があれば記入）	給　料		勤務時間	
	職　種		勤務地	
	その他			

扶養家族数 （配偶者を除く）　　人	配偶者　※　有・無	配偶者の扶養義務　※　有・無

保護者（本人が未成年者の場合のみ記入してください） ふりがな	住所 〒	電話 市外局番（　　）
氏　名		ー

採用者側の記入欄（志望者は記入しないでください）

この用紙はエコマーク認定の再生紙を使用しています

受理日　　　年　　月　　日

執筆者（五十音順）

加藤良徳	（かとう・よしのり）	静岡英和学院大学准教授
榊原千鶴	（さかきばら・ちづる）	名古屋大学文学研究科助教
佐光美穂	（さこう・みほ）	名古屋大学教育学部附属中学校・高等学校教諭
中島泰貴	（なかじま・やすたか）	岐阜工業高等専門学校准教授
平野美樹	（ひらの・みき）	元・金城大学専任講師
宮地朝子	（みやち・あさこ）	名古屋大学文学研究科准教授

イラスト（五十音順）

| 小縣咲季 | （おがた・さき） |
| 彦坂可南子 | （ひこさか・かなこ） |

書き込み式
日本語表現法
平成13年3月30日　初版第1刷発行
平成30年3月1日　初版第16刷発行

定価は表紙に表示いたしております。

©編　者　名古屋大学日本語表現研究会
装　丁　第二整版印刷デザイン研究所
発行者　吉田榮治
印刷所　(株)エーヴィスシステムズ
発行所　東京都港区三田3-2-39
株式会社　三弥井書店
電話03-3452-8069
振替00190-8-21125